# Mode der 20er Jahre

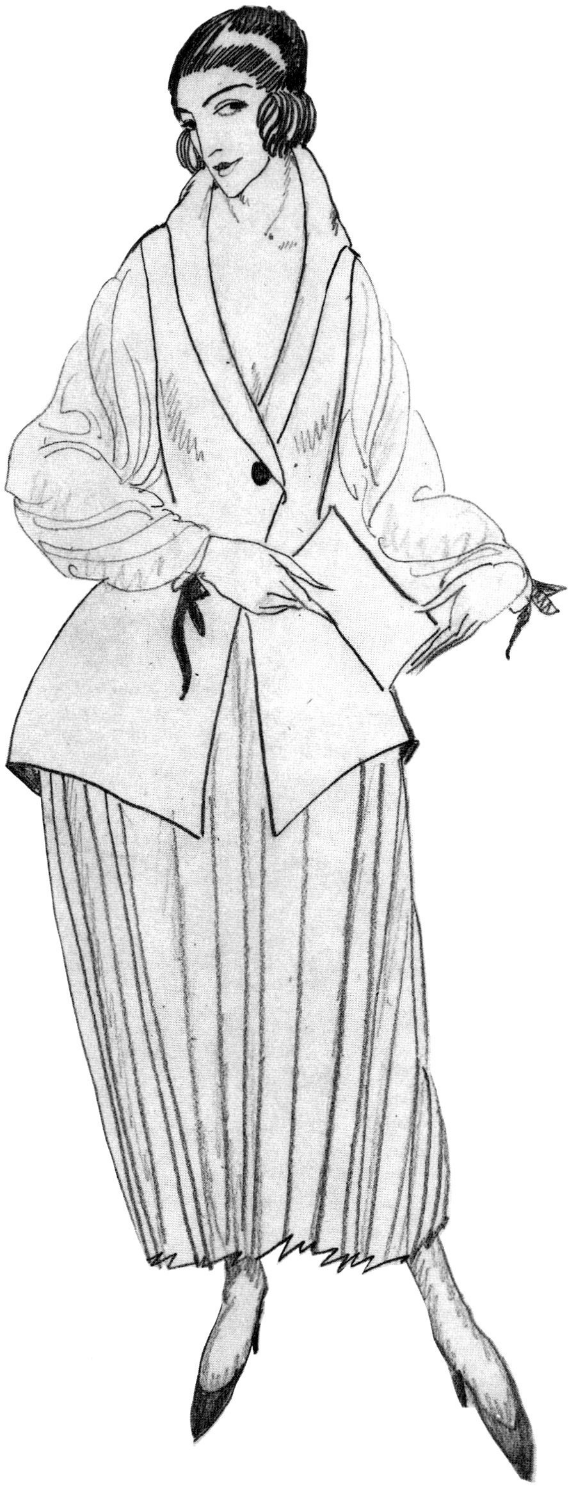

Berlin Museum

# Mode der 20er Jahre

Bearbeitet von
Christine Waidenschlager
in Zusammenarbeit
mit Christa Gustavus

Ernst Wasmuth Verlag
Tübingen · Berlin

2. erweiterte Auflage des Bestandskatalogs, erschienen anläßlich der Ausstellung Couture – Konfektion – Varieté. Mode der 20er Jahre aus dem Berlin Museum.

Vorderseite:
Abendkleid um 1924/25, Berlin Museum,
Foto: Nikolas von Safft,
Aufnahme: Bröhan Museum, Berlin

Rückseite:
Sitzende Modenplastik von Rudolf Belling
Repro aus: G. E. Thiele,
Die Modenplastik, Berlin 1924,
Kunstbibliothek SMPK, Berlin,
Foto: Paulmann-Jungeblut

Frontispiz:
Lieselotte Friedlaender, Kostüm um 1920

Katalog

Herausgegeben vom
Berlin Museum
in Zusammenarbeit mit dem
Museumspädagogischen Dienst Berlin

Wissenschaftliche Bearbeitung:
Christa Gustavus,
Christine Waidenschlager

Redaktion:
Thomas Friedrich (MD Berlin)

Gestaltung:
Georg von Wilcken (MD Berlin)
Assistenz:
Heike Littbarski (MD Berlin)

Förderung und Unterstützung:
KaDeWe, Berlin
Wolfgang Levy, Berlin
Prescriptives, München

Für großzügige Hilfe bei den Fotoaufnahmen danken wir folgenden Institutionen:
Bröhan Museum, Berlin
Gründerzeitmuseum, Berlin-Mahlsdorf
Hebbeltheater, Berlin
Evangelische Kreuzkirche, Berlin
Museum für Verkehr und Technik, Berlin
Der Präsident der Freien Universität von Berlin, Berlin
Renaissancetheater, Berlin
Der Senator für Finanzen, Berlin
Sender Freies Berlin, Berlin

Farbaufnahmen: Nikolas von Safft, Berlin
Schwarz-Weiß-Aufnahmen:
Hans Joachim Bartsch, Berlin

Objekte, deren Herkunft nicht benannt wird, befinden sich im Besitz des Berlin Museums

Druck und Bindearbeiten:
Druckerei Ernst Uhl GmbH & Co.,
Radolfzell



ISBN 3 8030 3060 9

Ausstellung

Konzeption:
Christine Waidenschlager
Realisierung:
Christa Gustavus, Heike Stange,
Christine Waidenschlager

Ausstellungsgestaltung:
Klaus Strunk, Frankfurt am Main
Assistenz:
Peter Baumeister, Frankfurt am Main

Restaurierung:
Waltraud Berner-Laschinsky,
Barbara de Groot

Restauratorische Betreuung:
Lothar Brokof
Barbara de Groot

Rekonstruktion der Modenplastik von Rudolf Belling:
Firma Jaques Schläppi AG Schweiz,
Herstellernachweis über das Berlin Museum

Verwaltung:
Jutta Arend, Helga Lange

Inhalt

# Vorwort

In allen großen kulturgeschichtlichen Museen gibt es eigenständige Modeabteilungen, am Metropolitan Museum in New York ebenso wie am Victoria and Albert Museum in London. Paris besitzt – wie könnte es anders sein – gleich zwei diesbezügliche Museen, die Modesammlung im Palais Galliera und das Musée des Arts et de la Mode. Eher bescheiden nehmen sich da die Modeabteilungen deutscher Museen aus, dennoch verfügen Institutionen wie die Kunstgewerbemuseen von Hamburg und Köln oder das Münchener Stadtmuseum über beachtliche Modesammlungen. Berlin spielt dagegen eine weniger wichtige Rolle, zum Teil auch bedingt durch Kriegsverluste.

Die genannten Sammlungen sind dadurch charakterisiert, daß sie Abteilungen mit überregionalen Schwerpunkten aufbauen oder über einen mehr oder weniger umfangreichen Bestand an internationaler Mode verfügen. Paris ausgenommen, sammelt keines dieser Museen vorrangig die Mode der eigenen Stadt. So erschien es uns logisch, am Berlin Museum vorwiegend Berliner Mode zu sammeln. Zwar reichte Berlin im Bereich der Haute Couture nie an Paris, Rom oder London heran, als Konfektionsstadt dagegen hat Berlin einen internationalen Ruf, kann sogar von sich behaupten, die Konfektion begründet zu haben.

In den letzten zehn Jahren wurde am Berlin Museum vorrangig aus Schenkungen eine Sammlung aufgebaut, die anfangs aus dreißig bis vierzig Kleidern bestand und nun einen Bestand von ca. 3.000 Einzelstücken umfaßt, der vom 18. Jahrhundert bis zur Gegenwart reicht. So ist es an der Zeit, eine erste Zwischenbilanz zu ziehen.

Die anfänglichen Schwerpunkte unserer Sammeltätigkeit lagen bei Kleidern des ausgehenden 19. Jahrhunderts, die in ihrer oft voluminösen Form und den meist schweren Stoffen in zahlreichen Haushalten aufbewahrt wurden und so an das Museum gelangten. Einen weiteren Schwerpunkt bildet die Mode der 50er Jahre, die inzwischen mit über 1.000 Objekten vertreten ist.

Als besonders schwieriges Sammelgebiet erwies sich dagegen die Mode der 20er Jahre. Gerade die zarten Seidenkleider dieser Epoche waren und sind besonders verschleißanfällig. Schwere Perlstickereien und Pailletten gefährdeten die dünnen Gewebe zusätzlich, und lange war es zweifelhaft, ob dem Museum der Aufbau einer Sammlung aus der Zeit der Weimarer Republik überhaupt gelingen würde. Neben Einzelerwerbungen und Geschenken kam dem Museum 1989 jedoch ein Glücksfall zustatten, als die Sammlung eines aus Berlin stammenden Textilrestaurators erworben werden konnte. Damit besitzt das Berlin Museum einen umfangreichen Bestand an Mode der 20er Jahre und kann diese Epoche ihrer stadtgeschichtlichen Bedeutung entsprechend darstellen.

Einen ersten Einblick in die Bestände bietet die Ausstellung »Couture – Konfektion – Varieté, Mode der 20er Jahre aus dem Berlin Museum«. Der vorliegende Bestandskatalog dokumentiert die ausgestellten Objekte; auf eine ausführliche Beschreibung der sich ändernden modischen Linie wurde zugunsten verschiedener Aufsätze verzichtet, die sich mit der gesellschaftlichen Stellung der Frau, mit der Situation der Konfektion und weiteren Themen im Umfeld der Berliner Mode beschäftigen.

Ausstellung und Bestandskatalog veranschaulichen das Konzept, das die Modeabteilung für den Erweiterungsbau des Museums entwickelt hat, eine Verbindung von modischen Kriterien mit den stadtgeschichtlichen Schwerpunkten des Berlin Museums.

Bewährt hat sich erneut die Zusammenarbeit mit dem Museumspädagogischen Dienst Berlin, dem an dieser Stelle mein Dank gilt. Besonders herzlich aber ist Christine Waidenschlager zu danken, die meine Arbeit an der Modesammlung in den letzten Jahren fortgesetzt und sich als fundierte Kennerin der Berliner Modegeschichte ausgewiesen hat; Ausstellung und Bestandskatalog sind unter ihrer Leitung und Verantwortung entstanden.

Rolf Bothe

# *Einleitung*

Vielfältig und schillernd sind die Assoziationen, die sich an das Berlin der 20er Jahre knüpfen. Berlin war die Hauptstadt des Deutschen Reiches, das mit der Weimarer Republik erstmals eine republikanisch-demokratische Regierungsform gewählt hatte. Diese Demokratie wurde zeit ihres Bestehens von heftigen politischen Kämpfen erschüttert, Massenarbeitslosigkeit, Inflation oder Depression gehörten zur täglichen Realität, die heute bei schwärmerischer Erinnerung gerne vergessen wird. Neben diese Bilder tritt der verklärte Rückblick auf die großen kulturellen Leistungen, die innovativen Errungenschaften, aber auch die zahlreichen, heute im Fernsehzeitalter bestaunten Formen des Vergnügens und der Unterhaltung.

Zu diesen positiven Assoziationen gehört insbesondere das veränderte Erscheinungsbild der Frau: Die Erinnerung an den »Bubikopf«, an das kniekurze Kleid, an die funkelnden und glitzernden Tanz- und Abendkleider jener Dekade lassen vor dem inneren Auge einen Abglanz dessen entstehen, was wir heute mit den »roaring twenties« verbinden. Für die Modeabteilung des Berlin Museums war es daher eine Herausforderung, gerade die 20er Jahre mit einer Vielzahl von Kostümen, die möglichst alle Bereiche der Kleidung dieser Zeit umfassen sollten, zu präsentieren. Obwohl gerade damals die Produktion der Berliner Konfektion besonders stark war und schwerpunktmäßig in Berlin und dem Inland abgesetzt wurde, war dies kein leichtes Unterfangen. Zu viele Kleider, besonders aus dem Tagesbereich, waren der Kriegszerstörung und der Materialknappheit zum Opfer gefallen, während großartige Schöpfungen der Abendmode sozusagen ihren eigenen Widersprüchen erlagen. Die Kombination von feinen Geweben mit schweren Stickereien mußte bei einem mit Schwung getanzten Charleston natürlich innerhalb kürzester Zeit zu Materialermüdung führen. Hinzu kommt noch, daß in Berlin im Gegensatz zu Paris oder London die Erhaltungswürdigkeit eines Modellkleides viel weniger anerkannt wurde, dies daher seltener den Weg in ein Museum fand.

Trotzdem ist es dem Museum in den letzten Jahren gelungen, durch zahlreiche Schenkungen, aber auch dank großzügiger Hilfe von seiten des Senats und der Stiftung Deutsche Klassenlotterie, den Bestand für diesen Zeitraum umfassend und mit außergewöhnlichen Stücken zu erweitern. Die Ausstellung »Couture – Konfektion – Varieté, Mode der 20er Jahre aus dem Berlin Museum« wurde vor allem durch den Ankauf einer umfangreichen Sammlung von Modell- und Konfektionskleidern ermöglicht, die ein ehemaliger Textilrestaurator in Berlin erstanden hat.

Da es in den 20er Jahren in Berlin nicht üblich war, Firmenetiketten in alle Kleider einzunähen bzw. diese mit den oft zerschlissenen Unterkleidern verloren gingen, ist bei vielen Modellen eine eindeutige Zuschreibung an ein Berliner Konfektionshaus oder Modesalon nicht möglich. Auch ein Durchforsten der gesamten Literatur, also der Modezeitschriften wie »Die Dame«, die »Elegante Welt«, die »Elite« oder die »Modenwelt« brachte nur geringen Erfolg. Aber es wäre auch sehr verwunderlich, wenn bei der riesigen Berliner Bekleidungsproduktion alle im Berlin Museum befindlichen Stücke in den Zeitschriften abgebildet wären.

Allein die Tatsache, daß Berlin das Zentrum der deutschen Konfektion war, daß manche Berliner Firmen in den 20er Jahren über 50 % ihrer Produktion im Inland absetzten, legt den Schluß nahe, daß Kleidung aus dieser Epoche, in Berlin erstanden, auch höchstwahrscheinlich in Berlin gefertigt worden ist. Wie in fast allen Kostümsammlungen stammen die meisten Kostüme aus dem Bereich der Abendmode. Obwohl es immer wieder höchst verwunderlich ist, daß diese Kleider, aus gespinstartig zarten Stoffen gearbeitet und dick mit Perlen und Steinen bestickt, all diese Jahre überdauert haben und nicht völlig zerschlissen sind, so besitzen wir doch wie viele andere Museen kaum eines der robusteren Kleider, der Kostüme oder Mäntel der Tagesmode. Sie wurden in einem viel stärkeren Maß getragen und strapaziert. So sind im Grunde die einfachen Kleider, wie Kat. Nr. 4 und Kat. Nr. 8, die sich erst auf den zweiten Blick als interesssant erweisen, die wertvolleren für eine Sammlung, stellen sie doch einen viel direkteren Bezug zur Alltagskleidung der arbeitenden Frauen mit kleinem Portemonnaie her. In die Ausstellung wurde daher auch bewußt ein einfaches Kleid wie Kat. Nr. 5 aufgenommen, dem man ansieht, daß es oft und gerne getragen wurde. Die Modeabteilung des Berlin Museums möchte die Chance wahrnehmen, historische Kleidungsstücke nicht wie reine Kunstobjekte zu präsentieren, sondern sie in ihren kulturhistorischen Zusammenhang zu stellen, denn Kleidung ist immer Ausdruck des Lebensgefühls, der Lebensqualität der jeweiligen Besitzer und somit Seismograph für gesellschaftliche Veränderungen. Zwischen diesem Anspruch und der Realität, der Tatsache nämlich, daß der größte Teil der Sammlung aus Abendkleidern besteht, galt es einen Mittelweg zu finden, denn die Planung der Ausstellung sollte sich nach den eigenen Beständen richten. (Dabei zeigte sich ein weiteres Problem; da das Berlin Museum kaum Herrenkleidung besitzt, tritt das männliche Geschlecht nur einmal, als »Alibi«-Gigolo, auf.)

Auch zeitlich ist die Ausstellung gewissen Einschränkungen unterworfen. Anhand der Objekte lassen sich inbesondere die Jahre 1924 bis 1928 darstellen, der Zeitraum der eigentlichen »Goldenen Zwanziger« vom Ende der Inflation 1923 bis 1928, als sich die Vorboten der Weltwirtschaftskrise ankündigen. Sowohl die Produktion der Jahre 1919/20 bis 1923 als auch 1928 bis 1930 sind in der Ausstellung weniger präsent, da die entsprechenden Objekte fehlen. Auf eine chronologische Darstellung der modischen Entwicklung der 20er Jahre mußte daher verzichtet werden.

Neben den eigentlichen Objekten der Mode zeigen Ausstellung und Katalog Modezeichnungen der Berliner Grafikerin Lieselotte Friedlaender, die ebenfalls

1989 mit Hilfe der Deutschen Klassenlotterie aus dem Nachlaß der Künstlerin erworben wurden. Lieselotte Friedlaender hat von 1923 bis 1933 den »Modenspiegel«, eine Beilage des »Berliner Tageblatts«, gestaltet. Ihre höchst qualitätvollen Modezeichnungen aus dieser Zeit geben einen Einblick in die Welt der Modegrafik, die gerade in den 20er Jahren in Berlin besonders ausgeprägt war. Neben Lieselotte Friedlaender waren damals in der deutschen Pressemetropole so berühmte Modegrafiker wie Annie Offterdinger oder Ludwig Kainer tätig.

Ein weiterer glücklicher Umstand hat die Ausstellung begünstigt. Das Berlin Museum konnte im Jahr 1989 eine originale Moden-Plastik von Rudolf Belling erstehen. Diese »Goldenen Skulpturen« fanden sich damals in den Schaufenstern der bedeutendsten Mode- und Stoffgeschäfte und Kaufhäuser. Sie waren aus leichtem, vergänglichem Material, aus Pappmaché, gearbeitet und konnten so einer starken Beanspruchung, aber vielleicht auch der Zerstörungswut der Nationalsozialisten nicht standhalten. Mit Hilfe eines erfahrenen Schaufensterpuppenherstellers ließ das Berlin Museum zwölf dieser Figurinen in zeitgemäßerem Material, in Polyester, nacharbeiten. Sie werden die Ausstellung in idealer Weise ergänzen.

Die Ausstellung ist die erste größere Ausstellung, die die Modeabteilung des Berlin Museums nach zehnjähriger Sammlungstätigkeit realisiert. Sie möchte damit ein breites Publikum auf ihre Arbeit aufmerksam machen. Dies erscheint vor dem Hintergrund der politischen Veränderungen seit 1989 besonders wichtig. Die Berliner Modemacher und Konfektionäre haben berechtigte Hoffnungen, im vereinten Deutschland – mit Blick auf die Märkte in Osteuropa – Berlin wieder zum modischen Zentrum Deutschlands zu machen. Die Modeabteilung knüpft daher mit ihrer Arbeit an die Traditionen des 1916 gegründeten Mode Museums e.V. des Verbandes der Deutschen Moden-Industrie an; sie versteht sich in diesem Sinne als ein Ort, an dem historische Kostüme aufbewahrt und zur Information aller mit Mode Beschäftigten und aller an Mode Interessierten ausgestellt werden, aber auch als ein Ort, an dem zeitgenössische Entwicklungen aufgegriffen und dokumentiert werden.

Christine Waidenschlager

*Essays*

*»Um 1910 müssen ein paar besonders gute Jahrgänge gewesen sein. Sie haben Mädchen hervorgebracht mit leicht athletischen Schultern. Sie gehen so hübsch in ihren Kleidern ohne Gewicht, herrlich ist ihre Haut, die von der Schminke nur erleuchtet scheint, erfrischend das Lachen um die gesunden Zähne und die Selbstsicherheit, mit der sie paarweise durch das nachmittägliche Gewühl der Tauentzienstraße und des Kurfürstendamms treiben; nein, treiben ist nicht das richtige Wort. Sie machen ›crawl‹, wenn die anderen Brustschwimmen machen. Scharf und glatt steuern sie an die Schaufenster heran. Wo haben sie nur die hübschen Kleider her, die Hüte und Mäntel?«*
Franz Hessel, Spazieren in Berlin, München 1968 (zuerst 1929), S. 35

Hanne Loreck

# *Das Kunstprodukt »Neue Frau« in den zwanziger Jahren*

»New Women« bringt die zweite industrielle Revolution im Zuge der emanzipatorischen Frauenbewegung in England bereits im 19. Jahrhundert hervor. Die »Neue Frau« der zwanziger Jahre ist in Deutschland hingegen ohne die Entwicklung einer Großstadt wie Berlin zur *Metropole* – ja zur Weltstadt im Range von Paris und New York – undenkbar. In diesem Kontext ist das Phänomen »Neue Frau« Gegenstand bedeutender soziologischer Analysen zur Situation der Frau in der Weimarer Republik, die 1919 mit dem Frauenwahlrecht die formelle Gleichstellung der Geschlechter eingeführt hatte. Die legendären »zwanziger Jahre« – immer in einem Atemzug mit der »Neuen Frau« genannt – sind durch zahlreiche kultur- und kunsthistorische Untersuchungen[1)] materialreich und differenziert dokumentiert. Hier spiegelt sich das Bild der »Neuen Frau« besonders im Stil der *Neuen Sachlichkeit.* Zwischen den Polen der sogenannten gesellschaftlichen Realität und deren Spiegelung in der Kunst sei die These entwickelt, daß die »Neue Frau« selber ein Kunstprodukt ist. Als solches wird es von Politik, Wirtschaft und Kultur *medial*, das heißt mit Hilfe von Photographie, Film, Literatur und Bildender Kunst erst erzeugt und gesteuert.

Die Hauptrolle bei der wirksamen Verbreitung dieses neuen Bildes kommt der Photographie zu, deren allgemeine »Brauchbarkeit« Siegfried Kracauer 1927 in seinem Essay »Die Photographie« auf die sogenannte Massenkultur bezogen lapidar kommentiert: »Der schlagende Beweis für die ausgezeichnete Gültigkeit der Photographie in der Gegenwart wird vor allem durch die Zunahme der *illustrierten Zeitungen* geliefert. In ihnen versammeln sich von der Filmdiva an sämtliche Erscheinungen, die der Kamera und dem Publikum erreichbar sind«.[2)] Anfang 1928 gibt es in Berlin 2 486 Zeitschriften! Neben Journalen wie der »Berliner Illustrirten Zeitung« und der »Woche«[3)] drucken besonders die jungen subaktuellen Zeitschriften wie »Der Querschnitt«, »UHU«, »Scherl's Magazin« und »Das Magazin«[4)] auch Reportagen über alles, was das Schlagwort »Neue Frau« angeht. Illustrierte, die ausschließlich Frauen ansprechen – »Frau und Gegenwart«, »Die Dame« oder »Elegante Welt«[5)] passen sich der neuen bildjournalistischen Praxis an, die sich durch verbesserte photo-, repro- und drucktechnische Verfahren rasant entwickelt. Diese Magazine stellen den Umschlag-Platz dar für jenes sich schnell verändernde Erscheinungsbild der Frau, mit dem sie (selbst)bewußt einen Bruch mit ihrer traditionellen Rolle zum Ausdruck bringt oder an das sie sich vielmehr anpassen muß: Der neue sportive Frauentyp spiegelt die neuen Produktionsverhältnisse.

Kommerzielle Bildagenturen stellen das Photomaterial bereit, das Amateur- und Atelierphotographinnen und -photographen, seit Mitte der zwanziger Jahre auch zunehmend professionelle Bildreporter und -journalistinnen liefern. Oft nur

Anm. 1) Vgl. die Ausstellungskataloge *Tendenzen der zwanziger Jahre,* Berlin 1977 oder *Paris Berlin 1900–1933,* Paris 1978.

Anm. 2) Siegfried Kracauer, Das Ornament der Masse, Frankfurt a. M. 1977, S. 33.

Anm. 3) *BIZ*, gegründet 1890; *Die Woche*, gegründet 1899.

Anm. 4) *Der Querschnitt*, gegründet 1921; *UHU*, gegründet 1924; *Scherl's Magazin* und *Das Magazin*, gegründet 1924/25.

Anm. 5) *Frau und Gegenwart*, ohne Gründungsjahr; *Die Dame*: ab 1911/12 neuer Name für *Illustrirte Zeit; Elegante Welt*, gegründet 1912.

spärlich kommentiert, werden die Bilder in den Bereichen »Sport, Mode und Leben« – so auch der Untertitel eines Magazins – zusammengestellt. Sie sprechen damit die Frau als Konsumentin an, die – so schätzte die »Gebrauchsgraphik«, das Fachblatt der deutschen Werbewirtschaft 1932 – 85 % aller Waren kaufte. Die Rubrizierung dessen, »was die Neue Frau angeht« – den Fortsetzungsroman und die Doppelseite über das Neueste in Film und Kunst eingeschlossen – entspricht ihrer gleichzeitigen psycho-physischen Fragmentierung.

Nimmt man nun die Forderungen, die an einen Bildreporter der zwanziger Jahre gestellt wurden, beim Wort – »Sinn für Neues« sollte er haben, »sehen können«, »Originalität besitzen« und schnell sein im »Kampf gegen die Konkurrenz« – so verbildlicht sich dieser Anspruch in der Darstellung der Frau vergleichsweise wenig. Die photographischen Kompositionen ähneln sich stark. Siegfried Kracauer, der erbitterte Illustrierten-Gegner, kritisiert besonders die Monotonie, die in der (Auf)Reihung weiblicher Figuren auf der Raumdiagonale liegt, wenn er schreibt: »Das räumliche Kontinuum aus der Perspektive der Kamera überzieht die Raumerscheinung des erkannten Gegenstands, die Ähnlichkeit mit ihm verwischt die Konturen seiner ›Geschichte‹.«[6] Damit ist die Frage nach der Herkunft dieser Muster gestellt und nach ihrer Benutzbarkeit im Sinne einer gesellschaftlichen Ideologie.

Man könnte geradezu von Strategien sprechen, die hinter der Popularisierung des »neuen« Erscheinungsbildes der »Neuen Frau« zum Vorschein kommen, beginnend mit ihrer *Erfassung* in jenen clichéhaften Schlagwörtern, die mit dem Mythos »Neue Frau« identisch sind: Die Berufstätigkeit gehört genauso dazu wie die kniekurze, weichfallende Mode, die eine der Voraussetzungen dafür ist, die Sportlichkeit der »Neuen Frau« zu propagieren. Mode und Sport wiederum tragen dazu bei, daß die bis dahin immer verhüllten weiblichen Beine zum erotischen Signal werden, auf das der Autor der »Sittengeschichte der Inflation«, Hans Ostwald, die »Neue Frau« ganz ohne Ironie reduziert: »Der schlanke Dianentyp, der nun in losem dünnen, fast kniefreien Gewand daherstürmt, siegte immer mehr: dieser Typ, der außerdem im Sport trainiert ist und im schweren, hängenden Pelz zweifach zart und zerbrechlich scheint. Dazu das kurzgeschnittene Haar und der auf Herzform in rotem Lack geschminkte Mund und eine Gewandung, die auf Schleppe, Taille, Dekolleté, Putz der früheren Frauenkleidung bewußt verzichtete und eigentlich nur ein hemdartig hängendes Etwas vorstellte – alles schuf einen Typ der Erscheinung, der jenseits des Frauentyps von gestern und früher stand, einen Typ, der in der Hauptsache nur durch bemerkenswerte schlanke Beine wirkte, die nur zwei Zwecke zu haben schienen: den Tanz und den Sport.«[7]

Der Bubikopf kommt in Mode. Die ersten Frauen mit dem androgynen Haarschnitt wurden besonders von der Kirche mit der rassistisch klingenden Bezeichnung »Andershaarige« diffamiert. Als »schnelle« Frau, die motorisiert ist, wird die »Neue Frau« zum Symbol technisch-gesellschaftlichen Fortschritts, obwohl die Zahl der Frauen am Lenkrad noch sehr gering ist. Ausnahmslos jede Autoreklame zeigt allerdings eine elegante Dame am Steuer[8]. Der Mythos von weiblicher Dynamik entsteht widersprüchlicherweise zugleich mit dem sich hartnäckig haltenden von der unfähigen Autofahrerin: Einem Artikel in »Frau und Gegenwart. Zeitschrift für die gesamten Fraueninteressen« zufolge bot man die modernste und teuer zu bezahlende Technik eines filmischen Verkehrssimulators auf, um der »typisch-weiblichen« Geschwindigkeitsangst zu begegnen.[9] Nur die Schriftsteller G. de Fourchardiere und F. Celval, Autoren des damals populären Romans »Bubikopf chauffiert«[10], folgen den Spuren der Verquickung von Emanzipation und (Medien)Technik in so reizvoll überschriebenen Kapiteln wie »Die Garage der Jungfrauen«

Anm. 6) Siegfried Kracauer, a. a. O., S. 34.

Anm. 7) Hans Ostwald, Sittengeschichte der Inflation, Berlin 1931, S. 150.

Anm. 8) Zum Beispiel: Mercedes Benz in *Die Dame* 1928, Heft 15, S. 4; Brennabor in *Die Dame* 1927, Heft 26, S. 31; Bosch Elektrik in *Die Dame* 1930, Heft 25, S. 1; Opel in *Gebrauchsgraphik/International Advertising Art*, Berlin Dezember 1928, S. 6.

Anm. 9) Vgl. Gert Lenz, 100 PS in zarter Frauenhand, in: *Frau und Gegenwart* 1927, Heft 14, S. 11 ff.: »Diejenigen Damen, bei denen die Angst vor den tanzenden Bäumen, lockenden Gräben, sausenden Straßen, roten, gelben, grünen Lampen, Menschen, die wie nervöse Kaninchen auf der Straße vor- und rückwärts hüpfen, noch zu groß ist, können diese Genüsse in der Theoriestunde im Film vorgeführt bekommen, in der sie ihren Wagen sicher durch alle Gefahren der Stadt steuern müssen. Und wenn dann wirklich auf der weißen Leinwand der Moment kommt, wo sich aus den Seitenstraßen rasende Autos nahen, von hinten zwei Lastwagen und eine Straßenbahn kommt, und gerade vor dem Wagen ein Pferd stürzt, während kleine Kinder auf dem Fahrweg Fußball spielen und ein Dienstmädchen mit Kinderwagen zeitungslesend den Damm überquert, soll es hin und wieder vorgekommen sein, daß einige Damen das Steuerrad loslassen und die Augen zuhalten. Der Fahrlehrer, stets Herr der Situation in solchen Fällen, zieht kühn die Bremse und die Bilder auf der Leinwand stehen still, worauf er der Erschrockenen empfiehlt, in der Praxis mit möglichster Ruhe genau so zu handeln. Wenn diese Damen dann die Gefahren der Leinwand geistesgegenwärtig zu bestehen wissen, geht es erst ins Freie.«

Anm. 10) G. de la Fourchardiere und F. Celval, Bubikopf chauffiert, deutsch von M. Spiro und M. Wartenberg, Berlin 1928.

oder »Ein kinematographischer Überfall«. Presseberichte über Rennfahrerinnen, beispielsweise über die »kühle« Französin Colette Salomon oder über Erika Mann, die Siegerin einer 10 000 km-Europatour, über die Weltrekord-Fliegerinnen Marga von Etzdorf und Thea Rasche[11] dürften die Phantasien der »Neuen Frauen« von einer außergewöhnlichen Karriere beflügelt haben.

Das Interesse der Medien an der Verbreitung von Informationen über alle Formen von neuer Technik folgt einem ähnlichen Muster wie in den Bereichen der aktuellen Künste: Als Filmschauspielerin, Künstlerin, selbständige Photographin oder als Revue-Girl – immer wird die junge Frau zum Vor- und Traumbild stilisiert und damit zur Projektionsfläche für Wünsche und Sehnsüchte der »normalen« Leserin. Der Alltag, ob von Arbeiterinnen oder intellektuellen Frauen, kommt in den populären, sich nach modisch-ästhetischen Ansprüchen ausrichtenden, scheinbar unpolitischen Magazinen weder in Bild noch Text vor. Auf diesem Hintergrund hatte Aimée Köster 1919 die Zeitschrift »Die Schaffende Frau« gegründet. Der programmatische Untertitel »Sozialistische Zeitung mit Modebeilage« deutet den Unterschied zu einem jener konventionellen Magazine wie »Die Dame« an: »Es geht um die Erörterung der modernen Frau in neuzeitlicher, radikaler Beleuchtung«.

An wen wenden sich nun diese allgemeinen Frauenzeitschriften? Zunächst an die modebewußte (Ehe)Frau ohne spezifische intellektuelle oder politische Interessen, die Frau, die »mit der Zeit geht«. Sie gehört zu denen, deren Familien auch durch die Inflation von 1923 nicht vollständig verarmen. Zu den Leserinnen zählt weiterhin die Beamtin, ein in den zwanziger Jahren durchaus angesehener Status mit noch junger Geschichte: Gegen Ende des 19. Jahrhunderts hatten einige auch »höhere« Töchter im Bewußtsein ihrer emotionalen und finanziellen Abhängigkeit von den Eltern (und später dem Ehemann) begonnen, das Klavier gegen Stenoblock und Schreibmaschine zu vertauschen. »Aber der deutsche Traum von Männern als Staatsbeamten und Frauen als Müttern lastete schwer«, so kommentiert Friedrich Kittler diesen versuchten Bruch mit der traditionellen Frauenrolle aus der Sicht der Medientechnik: »Für Mädchen an Schreibmaschine, Telegraph und Fernsprecher mußte ein Sonderstatus kündbarer Beamtinnen geschaffen werden, der bei Verheiratung sofort erlosch. Nachrichtentechnik als solche war ›Zersetzung der alten Familienform‹ und ›versagte‹ ihren Maschinistinnen ›eine Rückkehr zu irgendeiner Familienstelle‹.«[12] Im Ersten Weltkrieg, zu einer Zeit, als Industriearbeiterinnen die Produktion der Munitionsfabriken aufrechterhalten, konnten oder besser: mußten Frauen die Plätze der bislang immer männlichen Schreibbeamten in öffentlichen Ämtern und selbst der Heeresverwaltung einnehmen.[13] Frauen waren damit nach dem Grundsatz, »Wer nicht arbeitet, soll auch nicht essen« – dem Gegenstück zum »Recht auf Arbeit« – in den militärisch-industriellen Komplex eingegliedert, als Arbeitskraft und – ökonomisch weit effektiver – als Konsumentin.

Nach Ende des Krieges ist die Berufstätigkeit für 600 000 Kriegerwitwen und ihre Kinder die einzige Überlebenschance. Aus dem sogenannten Frauenüberschuß von 1,3 Mill. Frauen im Alter von 25 bis 40 Jahren bildet sich in Deutschland allmählich der neue Stand der weiblichen Angestellten, in den nun auch Töchter aus Arbeiterfamilien »aufsteigen« konnten. Man beginnt, vom »Heer der Angestellten« zu sprechen, eine Bezeichnung, an der ebenfalls die Genese aus dem – übergreifenden – militärischen Denken abzulesen ist. 1925 gibt es bereits 1 Mill. Sekretärinnen, Stenotypistinnen, Telefonistinnen, Verkäuferinnen und kaufmännische Angestellte. Ihr Durchschnittsgehalt liegt mit 146 Mark 18 % unter dem errechneten Lebenskostenminimum von 175 RM. Die monotone, anstrengende 48-Stunden-

Anm. 11) Die fliegende Frau, in: *Frau und Gegenwart. Zeitschrift für die gesamten Fraueninteressen*, 1927, Heft 43, S. 10/11.

Anm. 12) Friedrich Kittler, Film, Grammophon, Typewriter, Berlin 1986, S. 289.

Anm. 13) Vgl. *Zeitschrift für weibliche Handelsgehilfen* (1918), zitiert nach Friedrich Kittler (wie Anm. 12), S. 289: »Die Kanzleien aller kriegswichtigen Betriebe bevölkerten sich mit weiblichen Arbeitskräften, selbst in die Schreibstuben der Heeresverwaltung hielten sie ihren Einzug, für den Etappendienst konnten nicht genug Arbeitskräfte herangeschafft werden, es war dauernd Nachfrage nach ihnen, die besetzten Gebiete nahmen sie in erheblicher Menge auf, die inländischen Verwaltungsbehörden jeder Art stellten sie in großer Zahl ein, gar nicht zu reden von privatwirtschaftlichen kriegswichtigen Betrieben.«

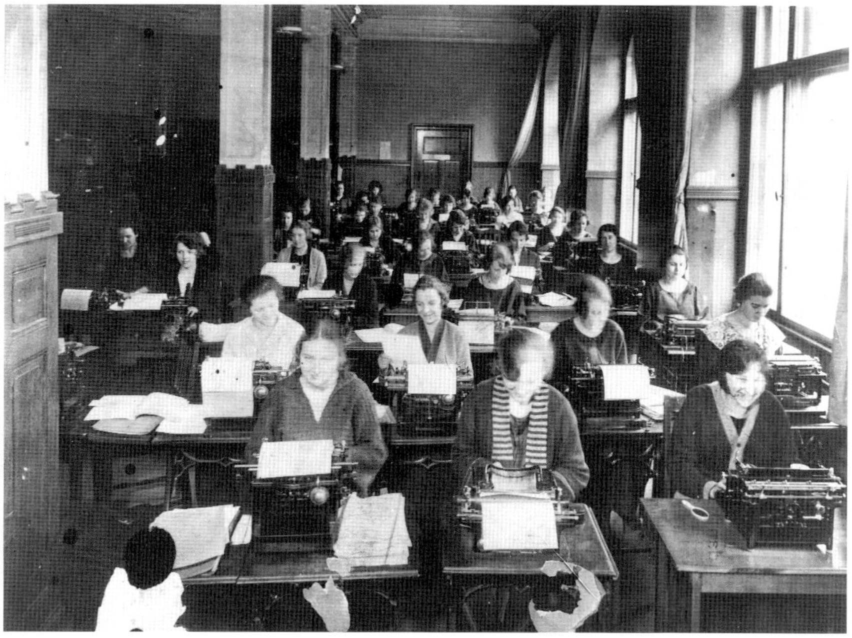

woche einer Angestellten in einem lauten Großraumbüro – eine der »Errungenschaften« der aus Amerika kommenden Rationalisierung –, unter der Kontrolle männlicher Aufseher, dürfte den Traum von der Ehe genauso geschürt haben wie den von irgendeiner Karriere als Revuegirl oder besser noch als Filmstar. Alice Rühle-Gerstel zieht 1932 die paradoxe Bilanz für die Berufstätigen: »Ihrer wirtschaftlichen Situation gemäß Proletarierin, ihrer Ideologie nach bürgerlich, ihrem Arbeitsfeld zufolge männlich, ihrer Arbeitsgesinnung nach weiblich. Schillernde Gestalten ...«[14)]

Die photographischen Abbildungen, z. B. in der »Zeitschrift für den weiblichen Handelsgehilfen«, ob von Sekretärinnen (Abb. 1), Telefonistinnen, Angestellten im Postwesen oder sogar Schaffnerinnen, fallen allenfalls durch eine denkbar konventionelle Kameraeinstellung auf. Sie wiederholen ein sehr einfaches Muster: Es sind häufig Frontalaufnahmen, die den jeweiligen Raum ganz im Sinne der klassischen Fluchtpunktperspektive erfassen. Der Blick, den der Photograph durchs Objektiv auf die Berufstätigen richtet, schafft eine anonyme Menge von Frauen sehr ähnlichen Typs. In langen Reihen sitzen sie hintereinander. Im unausgeleuchteten Dämmerlicht des hinteren Teils des sich stark verjüngenden Raums lösen sich Körper und Gesichter schließlich völlig auf. Das Betrachterauge ergänzt den »Mädchenkomplex«, wie Kracauer es nennt, nach der vorgegebenen Ordnung.

Es überrascht nicht, daß die weniger idealisierenden Sekretärinnenromane der zweiten Hälfte der Weimarer Republik, auch wenn sie einzelne »Heldinnen« in den Mittelpunkt rücken, wegen ihrer sachlich-nüchternen Beschreibung des Alltags bei den Angestellten selbst wenig Erfolg hatten. So erging es Irmgard Keuns »Gilgi – eine von uns« (1931), Rudolf Braunes »Das Mädchen an der Orga Privat« (1930) und Christa Anita Brücks »Schicksale hinter Schreibmaschinen« (1930). Letztgenannter Roman fällt besonders durch die krasse Schilderung von sexueller Belästigung am Arbeitsplatz auf. Zugleich aber schildert die Autorin die nahezu erotische Beziehung zwischen Frau, Maschine und Schrift, die auf das reibungslose Funktionieren der Maschine und den idealen Körper der Schrift setzt.[15)]

Alle Themen, die in der Literatur und im Film auf höchst unterschiedlichem Niveau vorgestellt werden, spiegeln sich auch in der Revue, der Unterhaltungs-

Abb. 1: Schreibsaal im Reichspatentamt, um 1930 Deutsches Patentamt, Dienststelle Berlin

Anm. 14) Zitiert nach: Ute Frevert, Kunstseidener Glanz. Weibliche Angestellte, in: Kristina von Soden, Maruta Schmidt (Hrsg.), Neue Frauen. Die 20er Jahre, Berlin 1988, S. 26.

Anm. 15) Vgl. Christa Anita Brück, Schicksale hinter Schreibmaschinen, Berlin 1930: »Dies hier, ich schaue voller Entzücken darauf nieder, ist eine Aristokratin, blitzbank das Hebewerk, von gediegener Feinheit die Tastatur. Leichtester Anschlag genügt. Wie Perlenschnüre reihen sich die Buchstaben auf dem Papier. Hell und schwingend ist ihre Stimme. Mit lieblichem Glockenton meldet sie das Ende der Zeile. Geschwinde, geschwinde ...«

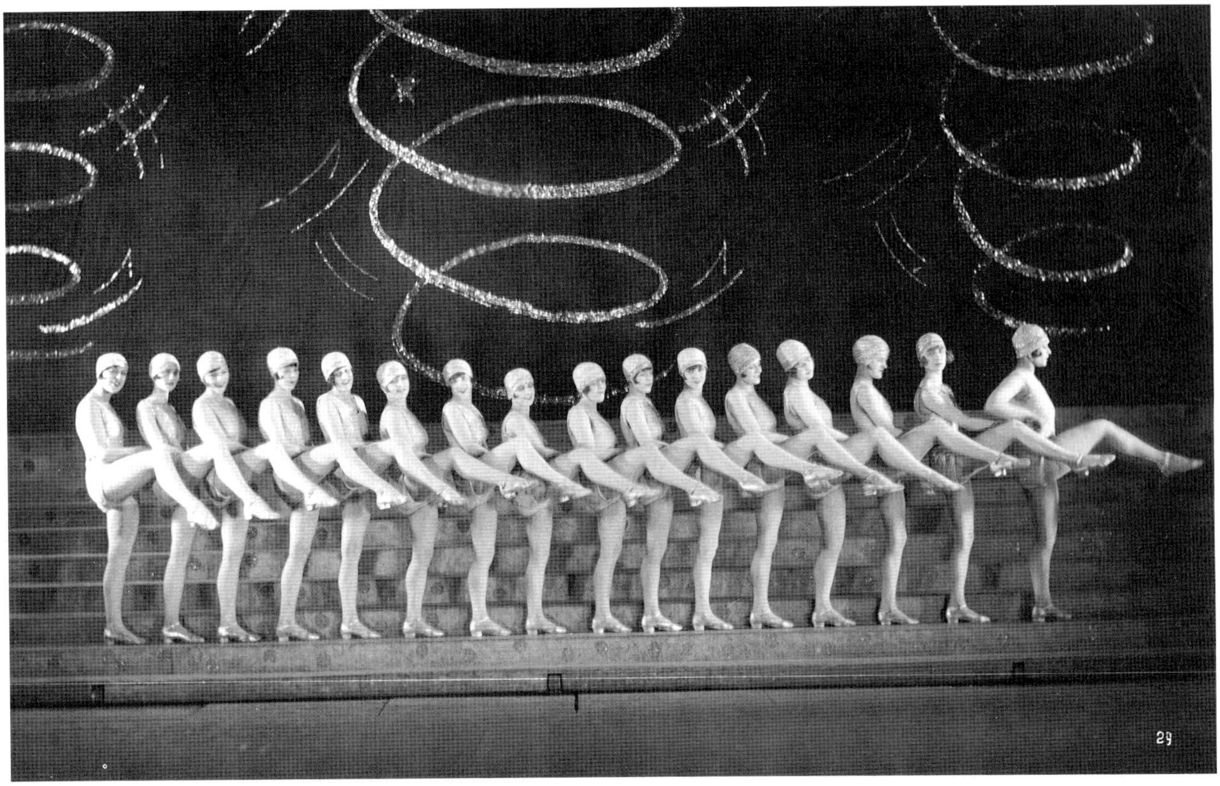

Abb. 2: Szene aus dem Film »Das Girl von der Revue« (Eichberg, 1928)
Photo: H. Gärtner, Stiftung Deutsche Kinemathek, Berlin

form Nummer eins. Die ersten Revue-Girls wurden zu Anfang des Jahrhunderts als »Exerziertruppen« aus Amerika importiert. Auch hier verrät die Sprache die Herkunft des Begriffs und die photo- und kinematographischen Muster den paramilitärischen Charakter der Aufführungen: Deren Reiz liegt in der präzisen, mechanisch-korrekten Beherrschung der zum Verwechseln ähnlich ausstaffierten, einheitlich gepuderten Körper (Abb. 2).

Der Traum der Sekretärin vom Aufstieg zum Girl wird leichter nachvollziehbar, wenn man die ähnliche »Geometrie« von Schreibmaschinensaal und Bühne betrachtet: Anstelle der Reihen von »Tippmäuschen«, wie sie in Berlin heißen, treten die Reihen der rhythmisch sich bewegenden, nackten Ideal-Wesen, die »Schrift in den Raum tanzen«[16] – man kann ergänzen: makellose Maschinenschrift. Der erotische Reiz ihres individuellen Körpers, für den die Mädchen eigentlich Bestätigung suchen, geht in der Menge der Auftretenden, dem »Massenkörper« unter: »Die Tiller-Girls und andere Girltruppen waren Tanzmaschinen. (...) Nicht der Zwang des Gehorchens, sondern die Idee des Technischen und des Kollektiven aller Technik war der Leitgedanke.«[17] Zugleich schafft das Ausstellen des »bloßen« Körpers in wechselnden Formationen ein neues Phänomen, die Erotik oder zumindest eine erotisierte Ästhetik der Masse. Leni Riefenstahl wird sie in ihrem Film »Olympia« (1936) wirkungsvoll im Sinne der nationalsozialistischen Propaganda perfektionieren.

Wenden wir uns noch einmal dem Girl und der (Maschinen)Schrift im Kontext der Revue zu: 1925 zeigt die James Klein-Revue »Das lachende Berlin« das »Schreibmaschinen-Bild« (Abb. 3). Darin formieren sich Girls in Sitzhaltung zu einer überdimensionierten Schreibmaschine. Vor dem Gesicht einen Buchstaben, also buchstäblich anonym, bilden ihre Körper die Tasten einer Maschine des Fabrikats »Orga Privat«. Damit ist die Revueszene zugleich Produktwerbung, in der der

Anm. 16) Fritz Giese und Eugen Matthias (Hrsg.), Männliche Körperbildung, München 1926, S. 121, zitiert nach Reinhard Kloos/Thomas Reuter, Körperbilder. Menschenornamente in Revuetheater und Revuefilm, Frankfurt a. M. 1980, S. 71

Anm. 17) Fritz Giese, Girlkultur. Vergleiche zwischen amerikanischem und europäischem Rhythmus und Lebensgefühl, München 1925, S. 83.

Anm. 18) Gisela von Wysocki, Fröste der Freiheit. Aufbruchsphantasien, Frankfurt a. M. 1980, S. 86.

Anonymität des Girls der Warencharakter der Frau entspricht. Die Orga-Aktiengesellschaft warb ihrerseits für das Produkt: »Orga Privat, die Volksmaschine – Das Modell zum Bühnenbild«. Die Reklame sei als Beispiel genannt für die Mitte der zwanziger Jahre beginnende Fusion von Kultur und Wirtschaft in der Unterhaltungsindustrie. Deren »Bilder« machen eine eindeutig wertende Unterscheidung zwischen Realität und Fiktion – ob in Form von Kunst oder Unterhaltung – bedeutungslos, da die Strukturen ihrer technoiden Dispositive, und damit der »neuen« Moderne schlechthin, identisch sind: es gibt Sekretärinnen und Revuegirls. Es gibt die Revuegirls als Sekretärinnen, die möglicherweise die Sekretärinnen sogar als Konsumentinnen (einer Maschine des Typs Orga Privat) ansprechen, und es gibt Filme mit Titeln wie »Das Girl von der Revue« (Josef Eichberg, 1928) oder »Die Privatsekretärin« (Wilhelm Thiele, 1931), Produkte einer gigantischen Filmindustrie, jener »Traumfabrik«, die Ilja Ehrenburg 1931 in seinem gleichnamigen Werk analysiert.

Realität und Fiktion sind der »Neuen Frau« geradezu »maschinell« auf den Leib geschnitten, wenn der nackte makellose Körper eines Revuegirls zum Werbeträger zum Beispiel für ein Schlankheitsbad wie »Leichner 1000« wird – Schnittstelle zwischen der Welt der Vergnügungen und der der Arbeit. Denn, so die Werbung damals wie heute, körperliche Attraktivität und »gepflegtes Aussehen« können im harten Konkurrenzkampf unter den Arbeitssuchenden zum ausschlaggebenden Faktor für eine Anstellung werden.

Der oben beschriebene »Massenkörper« brachte aber auch sein Gegenbild hervor, den weiblichen Filmstar, der ungleich bestimmender auf das Frauenbild einwirkte. Die Erscheinung Marlene Dietrichs spielt hier eine entscheidende Rolle. An ihr läßt sich die Veränderung der Körpermode als Disziplinierung des weiblichen Körpers nachvollziehen. In diesem Sinne wird die Dietrich auch von Gisela von Wysocki charakterisiert: »Nüchternheit und hellen Verstand, das liebt sie an der Armee und an den Männern. Disziplin und Uniformen, die Funktion, das Know how«.[18] Ein Photo zeigt die noch Unbekannte 1922 als rundliches Werbemodell (Abb. 4). Kräftige Korrekturstriche auf dem Probeabzug bedeuten dem Retoucheur, ihre Knie schlanker erscheinen zu lassen, Taillenumfang und Wangen zu reduzieren und die Schultern zu runden. Erst Jahre später hungert sich Marlene Dietrich schlank und läßt sich vier Backenzähne ziehen, um dem mit ihr entstandenen Ideal zu entsprechen.

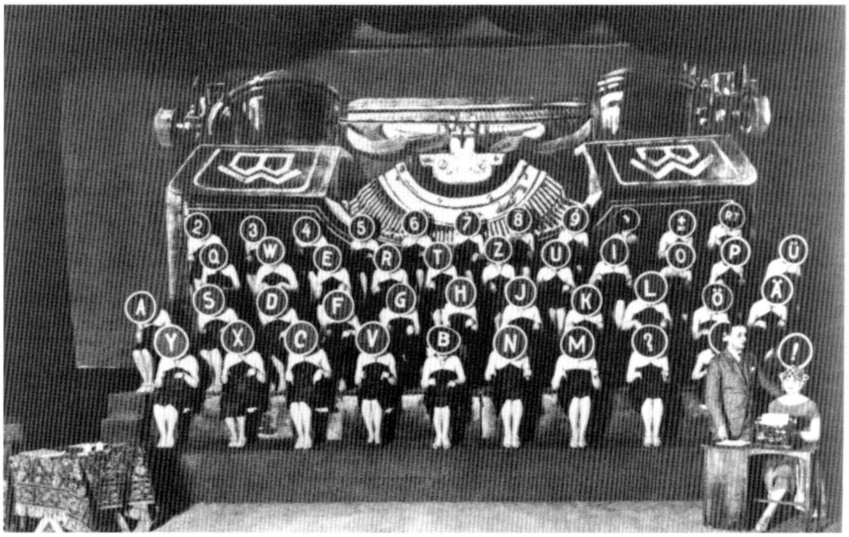

Abb. 3: Schreibmaschinen-Bild aus der James Klein-Revue »Das lachende Berlin«, 1925
Repro aus: Wolfgang Jansen, Glanzrevuen der Zwanziger Jahre, Berlin 1988, S. 45

Der Druck auf den weiblichen Körper hatte sich also in medialer Abhängigkeit von außen nach innen verlagert: Dem Korsett des 19. Jahrhunderts entspricht dabei die Retouche im Medium Photographie. Um allerdings dem rundum vorzeigbaren, immer erotischen Körperideal auf Zelluloid gleichzukommen, müssen Schlankheitspillen geschluckt oder gar kosmetisch-chirurgische Eingriffe vorgenommen werden. Mannequins haben nicht nur einen medialen Körper, sie trainieren ihre Haltung sogar an einer Schaufensterpuppe. Zahlreiche Photographen komponieren dementsprechend die naturalistischen Puppen mit den künstlichen »Neuen Frauen«.[19)]

Daß auch die ästhetische Einschätzung von Schlankheit auf wirtschaftlichem Pragmatismus und beruflichem Leistungsdenken basiert, zeigt eindeutig folgende Beurteilung einer Ärztin: »Der gestählte, abgehärtete, biegsame Frauenkörper kann die Anstrengungen des Berufslebens bei weitem besser erfüllen. Da dieser Typ Notwendigkeit geworden ist, haben wir gelernt, ihn *schön* zu finden.«[20)] Daher wird Sport oft betriebseigen und natürlich nach Geschlechtern getrennt durchgeführt. Noch Anfang der 20er Jahre war er so wenig »Mode«, daß die ersten Wettkampfsiegerinnen in der Presse ohne Nachnamen genannt wurden, um ihre Familien nicht in Verruf zu bringen!

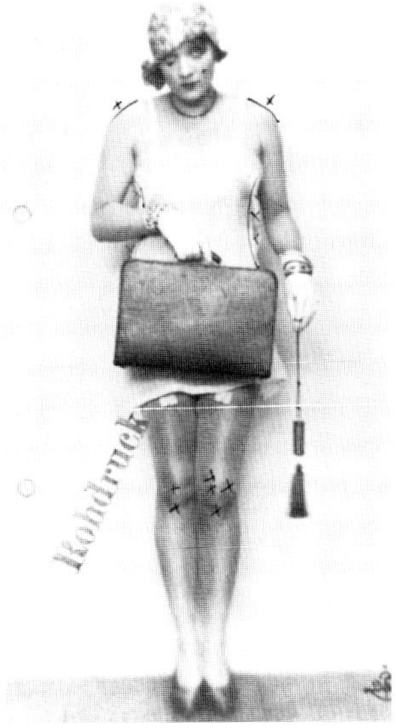


Abb. 4: Marlene Dietrich als Werbemodell, 1922
Repro aus: Renate Seydel, Marlene Dietrich. Chronik eines Lebens in Bildern und Dokumenten, Berlin 1984, S. 24

Photographien von jungen Mädchen, ob im Wasser plantschend, fechtend, skifahrend oder turnend, zeigen diese gleich den Berufsbildern von Telefonistinnen und den Unterhaltungsbildern mit Revuelgirls in Reih und Glied. Der straffen Organisation des Körpers entspricht die der Freizeit. Daß auch der Sport von der Revue thematisiert wird – und diese wiederum vom Film – sei an dem Standphoto einer Gymnastikszene (Abb. 5) des bereits erwähnten verschollenen (oder vernichteten) Films »Das Girl von der Revue« gezeigt, das in doppelter Weise den männlichen Blick auf die präzise formierten Frauenkörper wiedergibt. In kurzen Turnhosen, Beine senkrecht in der »Kerze« haltend, liegen zwei Reihen von Mädchen so auf dem Boden, daß sie ein »Spalier« bilden. Der Blick gleitet an den nackten Beinen entlang und trifft am Ende auf den aufrecht stehenden, vollständig bekleideten Dirigenten der Szene. Auch sein Blick streift wohlgefällig die Beine und fällt auf den Betrachter zurück: beiden erscheinen die Mädchen in ihrer unverhohlen sexuellen Pose verfügbar.

Die Körperpolitik der Nationalsozialisten konnte sowohl die strenge Ordnung des Massensports der 20er Jahre direkt übernehmen und zunehmend militarisieren als auch die höhere Leistungsfähigkeit des trainierten Frauenkörpers. Hatten die Nationalsozialisten 1933 das »artfremde Tingeltangel« der Revuen verboten und den »naturgemäßen deutschen Volkstanz« an dessen Stellen gesetzt, so änderte sich an den photographischen Mustern nichts. Photographen wie Erna Lendvai-Dircksen und Gerhard Riebecke bevorzugten Kompositionen mit Reihen disziplinierter junger Mädchen vor der Kulisse Natur.

Es sei noch diejenige photographische Haltung erwähnt, die ein anderes, vielleicht auch differenzierteres Bild des Phänomens »Neue Frau« vermittelt: die am Bauhaus geschulte Art des »Neuen Sehens«. Dessen Anhänger versuchten, genau jene beschriebenen starren photographischen Ordnungen durch extreme Perspektiven zu stürzen. Otto Umbehr (= Umbo) gehört zu ihnen, der als Bildjournalist für die Berliner Bildagentur Dephot (1928–33) tätig war, oder Lux Feininger, der »Dilettant«, der die Abbildungen lieferte zu einem Werbeartikel für das Bauhaus mit dem Titel »Mädchen wollen etwas lernen«[21)].

Ich habe anhand einiger Beispiele zu zeigen versucht, daß der emanzipatorische Fortschritt der Frau engstens an militärisch-industrielle Entwicklungen geknüpft ist. Diese spiegeln sich in der dargelegten Ästhetik der »Bildmuster«. Da

Anm. 19) Zum Beispiel *In der Mannequin-Schule*, Photo: Keystone, in: *Der Querschnitt* 1932, Heft 5, gegenüber von Seite 352.

Anm. 20) Dr. med. Henny Magnus, Die schlanke Frau, in: *Frau und Gegenwart* 1925, Heft 3, S. 2.

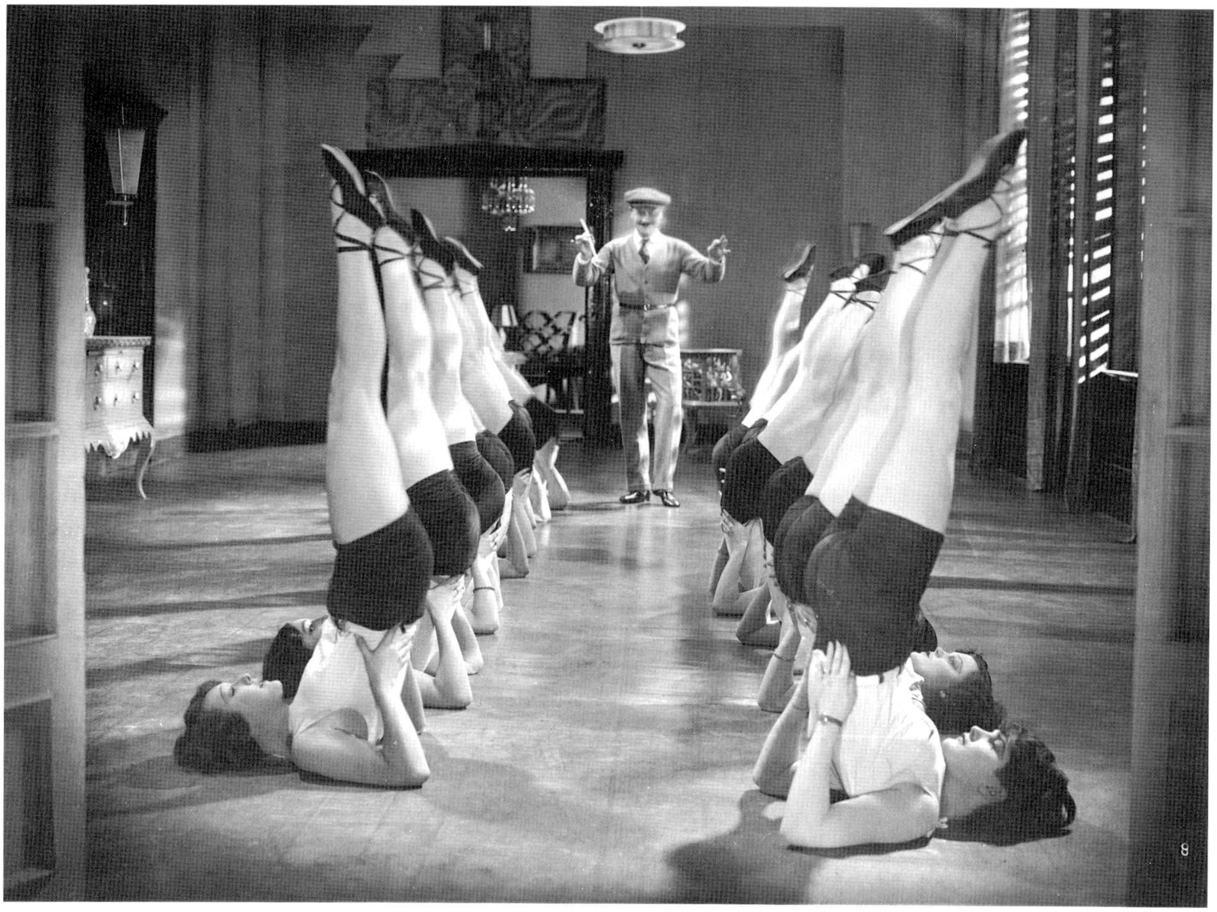

Abb. 5: Gymnastikszene aus dem Film »Das Girl von der Revue« (Eichberg, 1928)
Photo: H. Gärtner, Stiftung Deutsche Kinemathek, Berlin

aber jede Ästhetik in Abhängigkeit von einem Gesellschaftssystem entsteht, machen sich gesellschaftliche Umwälzungen nicht zuletzt am Eindringen »anderer Bilder« ablesbar. Welche Aktualität diese These hat, wird durch folgenden Kommentar vom Februar 1990 über Schönheitswettbewerbe in der UdSSR klar. Er zeigt, daß es auch heute die Frauen sind, die sich an die Einführung einer Wettbewerbswirtschaft anpassen, diese sogar vorwegnehmen. Man wird an den Neuen Frauen der Sowjetunion der 90er Jahre die »hohe Beweglichkeit« genauso euphemistisch rühmen wie an den Neuen Frauen der 20er Jahre: »... Ein neues sowjetisches Vergnügen sind die unzähligen Schönheitswettbewerbe, die einen schweren Schlag für das traditionelle ›sowjetische‹ Bild der Frau bedeuten, ein Bild, das über Jahrzehnte hinweg aufgebaut wurde und dessen sichtbarer Ausdruck auf Tausenden von Propagandaplakaten zu finden war. Diese Idealfrau war Kommunistin, ein weiblicher Stachanow, in Overalls gekleidet; ihre Haupttugend war die Bescheidenheit. Im heutigen Bild hingegen wird das Erotische betont. Körperliche Schönheit, Initiative, Klugheit, Eleganz und Tüchtigkeit. Fast alle Wettbewerbsteilnehmerinnen träumen davon, Schauspielerin oder Fotomodell zu werden, in der Werbung tätig zu sein, mehr Geld zu verdienen, an leichtes Geld zu kommen. Die Gewinnerinnen beklagen sich in freundlichem Ton darüber, daß sie obszöne Telefonanrufe und ›schmutzige‹ Anträge erhielten ...«[22]

Christine Waidenschlager

# *Berliner Mode der zwanziger Jahre zwischen Couture und Konfektion*

»Die apartesten, gepflegtesten und auch die schönsten Frauen, die mir bei meinen wechselnden Aufenthalten in Europa begegnet sind, waren die Berlinerinnen«, erinnert sich Christian Schad, der neusachliche Portraitmaler der 20er Jahre.

In der Tat war Berlin eine der faszinierendsten Städte der damaligen Welt. »Eine exzentrische Atmosphäre von Geschäft, Sensation, Literatur und Ruhm prägte die Stadt.«[1)] Kaum dem unheilvollen Ersten Weltkrieg entronnen, zu dessen Erbe auch ein Heer von Krüppeln und Arbeitslosen gehörte, stürzte sich, wer nur irgend konnte, in ein Meer von Laster und Vergnügen. Es war in der Tat ein »Tanz auf dem Vulkan«. Die Theater und Varietés, die Bars und Tanzcafés der Reichshauptstadt boten vielfältige Unterhaltung. Hier versuchten die Menschen, die Schrecken des Krieges und die Probleme der neuen Zeit, Massenarbeitslosigkeit, Inflation, Rationalisierung, zu vergessen. Wie ein Magnet zog Berlin alles an, was sich unter dem Namen Avantgarde zusammenfassen ließ. Die neuesten Entwicklungen in Architektur, bildender Kunst, Musik und im neuen Medium Film, hier wurden sie zum ersten Mal realisiert.

Kein Wunder also, wenn Berlin auch modisch den Ton angab. Doch lag dies nicht allein an dem überschäumenden Leben, das die Einwohner der Stadt Tag und Nacht in Atem hielt. Berlin war vielmehr seit gut hundert Jahren Zentrum der deutschen Damenkonfektion. Diese große, erfahrene Branche, ein bedeutender Berliner Wirtschaftszweig, verstand es, all diese Anregungen und modernen Strömungen auch tatsächlich in Mode, in den berühmten »Berliner Chic« umzusetzen.

Traditionsreiche Häuser wie Gerson oder Manheimer, Hoflieferanten seit vielen Jahrzehnten, entwarfen exklusive Kleidung, die sich nur eine kleine Gruppe reicher Frauen aus dem In- und Ausland leisten konnte. Hauptsächlich aber wurde in Berlin die Kleidung für jedermann (bzw. jede Frau), eben die konfektionierte Kleidung vom Abend- bis zum Tageskleid, in allen Sorten und Preislagen hergestellt. Dies war das große Potential der Berliner Konfektion.

Bereits zwischen 1837 und 1840 waren in Berlin Modehäuser gegründet worden, die nach normierten Maßen serienmäßig Kleidung herstellten. Hermann Gerson, Valentin Manheimer, Rudolph Hertzog und Nathan Israel waren die ersten, die den Weitblick und geschäftlichen Spürsinn hatten, um zu sehen, daß in der Produktion von konfektionierter Kleidung eine große Zukunft lag. Allerdings wurde nicht von Anfang an das ganze Spektrum an Damenkleidung gefertigt. Die damaligen Schnitte für Frauenkleider waren zu kompliziert für eine serienmäßige Herstellung. Man begann erst einmal mit Shawls, Pelerinen und Mänteln. Auch die serienmäßige Fertigung von Wäsche gehörte bereits in die Anfangsphase der Berliner Bekleidungsindustrie. Das Haus Israel hatte damit begonnen. In dem Maß, wie sich Können und Technik verfeinerten – es war die Zeit, in der die Nähmaschine ihren Siegeszug antrat –, wurden allmählich Blusen, Röcke und Kostüme hergestellt. Als letztes Produkt entstanden dann um die Jahrhundertwende die ersten serienmäßig gefertigten Kleider.

Der Erfolg der Berliner Branche lag vor allem in der besonderen Produktionsform, dem »Zwischenmeistersystem«, nach dem auch in den 20er Jahren unseres Jahrhunderts gearbeitet wurde. Verantwortlich für die modische Linie, für die zu fertigenden Modelle, war der Konfektionär. Nach seinen Vorstellungen wurden die Schnitte erarbeitet und diese dann zusammen mit dem Stoff, den Zutaten und den nötigen Anweisungen für die Ausführung an die Zwischenmeister, meist gelernte Schneider oder Schneiderinnen, weitergegeben. Der Zwischenmeister besorgte den Zuschnitt und gab dann seinerseits die zugeschnittenen Teile an Näherinnen weiter, die er entweder in seiner eigenen Werkstatt beschäftigte oder dezentral, in Heimarbeit, für sich arbeiten ließ. Oft hatte sich eine völlige Zerlegung des Arbeitsgangs herausgebildet, und erst in der Werkstatt des Zwischenmeisters wurden die einzelnen Teile endgültig zusammengenäht. Gezahlt wurde grundsätzlich nur ein Stücklohn, wodurch dem Konfektionär keine weiteren Kosten entstanden. Dieses im Grunde frühkapitalistische Produktionssystem war zwar von höchster sozialer Ungerechtigkeit, doch war es damals das einzige, mit dem man schnell und flexibel auf den häufigen Wechsel der modischen Linie reagieren konnte. So war die Berliner Konfektion, die nirgends im Stadtgebiet durch große Fabrikbauten auffiel, auf so gut wie alle Bezirke der Stadt verteilt, und in vielen Haushalten surrten Tag für Tag die Nähmaschinen. 1925 wurden in der Kleider- und Wäscheherstellung 60 616 Betriebe gezählt, in denen 147 285 Personen beschäftigt waren. Von diesen waren wiederum 101 419 Frauen und 45 866 Männer.[2)]

Zwei Dinge sind an diesen Zahlen bemerkenswert. Zum einen bestand das Berliner Bekleidungsgewerbe fast durchweg aus Kleinstbetrieben mit einer Beschäftigtenzahl von maximal drei Personen. Zum anderen waren es in erster Linie Frauen, die hier Beschäftigung fanden. Neben der Arbeit in einem Haushalt war die Näherei in Heimarbeit für viele Frauen, besonders wenn sie Familie und Kinder hatten oder ungelernt waren, die einzige Möglichkeit, Geld zu verdienen. Doch auch Frauen und Töchter von Angestellten und kleinen Beamten mußten häufig so das Gehalt des Mannes aufbessern. Dabei war der Verdienst äußerst gering. Drei Mark erhielt eine Heimarbeiterin 1927 für einen Damenmantel aus Wolle, für Staubmäntel in Stapelarbeit sogar nur 1,50 Mark. Die Arbeitszeit betrug pro Stück acht Stunden.[3)] Der Ladenpreis eines solchen Staubmantels lag zwischen 8,75 und 11,75 Mark.[4)]

Da der eigentliche Produktionsprozeß nach außen verlegt war, war die Gründung eines Konfektionsbetriebs relativ einfach. Wichtig waren vor allem eine gewisse Risikobereitschaft, sich nämlich auf die ständig wechselnden Moden einzulassen und ein Gespür dafür zu haben, was sich in der neuen Saison durchsetzen könnte. Wichtig war aber auch die Festlegung auf ein bestimmtes Genre. Man unterschied in einer Grobeinteilung vor allem drei Bereiche: die sogenannte Couture- oder Modellkonfektion, die nur mit teuren Materialien in teuren Preislagen produzierte, das preisgünstigere Mittelgenre und das Stapelgenre, das besonders günstige Modelle fertigte.

Neben den Häusern der Modell-Konfektion standen die ähnlich qualitätvoll arbeitenden, doch innovativeren Maßsalons, die vor allem Unter den Linden und im Tiergartenviertel zu finden waren. Vor diesen eleganten Adressen fuhren Stars von Bühne und Film vor, um sich hier einkleiden zu lassen. Klangvolle Namen reihten sich aneinander. Bei Glaser & Goetz kauften Sängerinnen ein. Bei Flatow & Schädler war Asta Nielsen eine berühmte Kundin, und Clara Schultz hat Fritzi Massary unzählige atemberaubende Roben auf den Leib geschneidert. Zu ihnen gesellten sich die zahlreichen, oft erst nach dem Ersten Weltkrieg im Westen, in Kudamm-Nähe eröffneten kleinen Salons, von denen Franz Hessel in seinem Buch »Spazieren in Berlin« berichtet. »Neben den wenigen Großen, die bereits hierher vorgestoßen sind, gibt es im bayrischen Viertel, in der Gegend der Kurfürstenstraße, in Nebenstraßen des Kurfürstendamms eine ganze Menge kleiner Modegeschäfte.«[5)] Auch diese Geschäfte führten ein, zwei Pariser Modelle, doch hatten die Inhaberinnen viel eigene Kreativität und Mut, Neues zu versuchen.

Anm. 1) Ulrich Eckhardt, Spiegel der 20er Jahre, in: Magazin Berliner Festwochen, 1977.

Anm. 2) Statistisches Jahrbuch der Stadt Berlin 1927, Berlin 1927, S. 70.

Anm. 3) Carmen Tatschmurat, Wir haben keinen Beruf, wir haben Arbeit, in: Kristina von Soden, Maruta Schmidt (Hrsg.), Neue Frauen. Die 20er Jahre, Berlin 1988, S. 37.

Anm. 4) Uwe Westphal, Berliner Konfektion und Mode, Berlin 1986, S. 57.

Anm. 5) Franz Hessel, Spazieren in Berlin, München 1968 (zuerst 1929), S. 35.

Marie Latz, Johanna Marbach, Hilda Romatzki gehörten zu diesen jungen, mutigen Unternehmerinnen.

Interessant ist ein Preisvergleich zwischen Stapelgenre und Modellproduktion. Kostete 1925 ein Wollmantel der Firma Crohag im preiswerten Genre 24,50 Mark, so stellte der vornehme Salon Goetz am Kurfürstendamm 1927 einen Wollmantel mit 300 Mark in Rechnung.[6] Die Unterschiede waren gravierend, doch gerade diese Vielfalt garantierte ein höchst abwechslungsreiches modisches Leben, das für alle diejenigen, die nicht »von der Stange« kaufen wollten, ergänzt wurde von einem breitgefächerten Angebot an Anleitungen zum Selbstschneidern oder Schneidernlassen, je nach Geldbeutel. Den Anfang machten natürlich die großen Modezeitschriften wie »Die Dame« oder »Elegante Welt«, deren Modelle entsprechend elegant waren. Es folgten weniger exklusive Zeitschriften, wie zum Beispiel die »Modenwelt«, die schon mit ihrer Aufmachung – kein Glanzpapier, keine Fotos, sondern billiges Notpapier – viel eher die Bedürfnisse der Mehrzahl der Frauen ansprachen als die Luxusausgaben. Selbst das Stoffgeschäft Cords gab eine firmeneigene Modezeitschrift (»Frauen Mode«) heraus, die über die neuesten Trends informierte. In all diesen Zeitschriften bezog man sich in erster Linie auf Modelle der führenden Berliner Modehäuser und Salons. Es wurden aber auch immer wieder Pariser Modelle vorgestellt, denn natürlich wollten sich neben den Inhabern der großen Modellhäuser und Modesalons auch die Leserinnen über neueste Pariser Entwicklungen informieren.

Die Abhängigkeit von Paris, »das jahrhundertelang Vorbild und Orakel in Modedingen gewesen«[7], war in den 20er Jahren in modischen Kreisen ein viel diskutiertes Thema. Für den 1916 mitten im Ersten Weltkrieg gegründeten »Verband der Deutschen Moden-Industrie« stellten die Loslösung von Paris und die Herausbildung einer eigenständigen deutschen Mode eines der Hauptziele dar. Der Verband verstand sich nicht als Wirtschaftsverband, sondern als eine Stätte zur Förderung von Qualität auf allen Gebieten der Bekleidungskunst. Dieses Ziel

Marie Latz (außen links) bei einer Anprobe um 1921, Berlin Museum, Fotosammlung

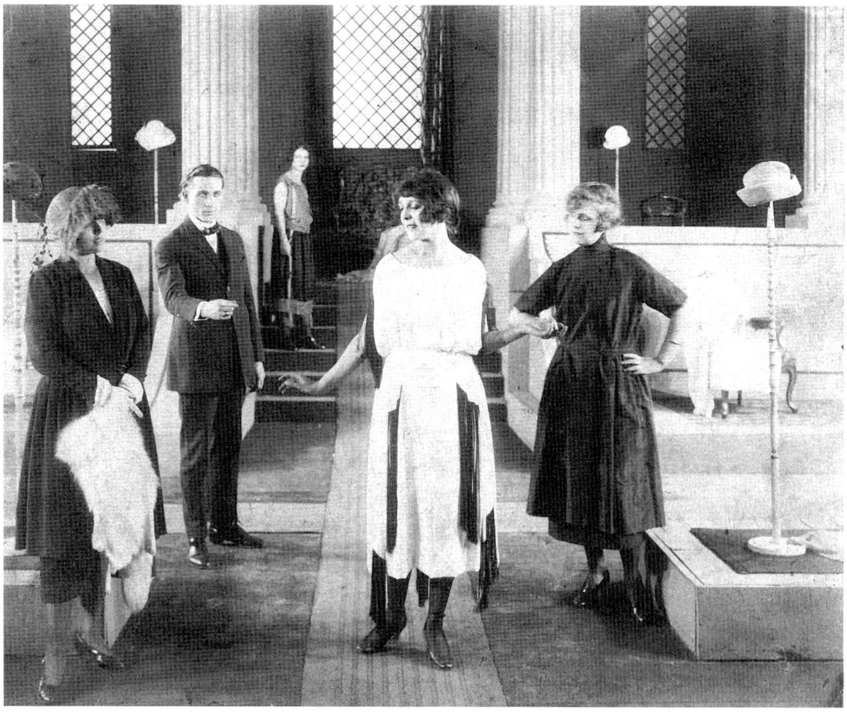

Anm. 6) Uwe Westphal, a. a. O., S. 57 und S. 71.

Anm. 7) Benno Marcus (Hrsg.), Großes Textilhandbuch, Textband, Berlin o. J., S. 603.

Anm. 8) »Styl«, 2. Jg., Nr. 1, Febr. 1923 und Uwe Westphal, a. a. O., S. 47 und 50.

sollte mit einem ausgefeilten künstlerischen Programm erreicht werden. So bildete die Ausstellung »200 Jahre Mode«, die 1916/17 im Ermelerhaus gezeigt wurde, einen typischen Auftakt. Ein eigenes Modemuseum des Verbandes sollte die mit der Ausstellung erzielten Anfänge der »Geschmacksbildung« vertiefen, Form und Farben der ausgestellten Objekte, aber auch die handwerkliche Qualität der Ausführung sollten als Vorbild dienen. Daher organisierte der Verband auch in den 20er Jahren immer wieder Ausstellungen, die zwar nicht historische, doch beispielhafte zeitgenössische Produktionen aus dem Modebereich vorstellten. Aussteller waren vor allem führende Berliner Modehäuser mit eigenständigem modischen Profil. Hinzu kam eine Reihe weiterer publikumswirksamer Aktivitäten, wie Modevorführungen im Rahmen von Opernaufführungen und Rennveranstaltungen. Ein Hauptverdienst des Verbandes war jedoch die Einführung der ab 1918 zweimal jährlich, jeweils im Februar und August, stattfindenden »Modewoche«, die den Einkäufern ein umfassendes Bild der Berliner Produktion ermöglichte.

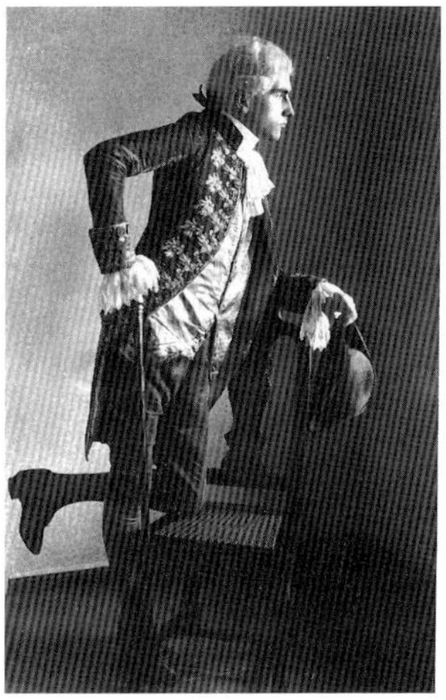

Justeaucorps, um 1780
Aus: »200 Jahre Kleiderkunst«, Ausstellung des »Vereins Moden-Museum e.V.« 1916/17 im Ermelerhaus Berlin, Berlin Museum, Sammlung der Postkarten

Das Engagement des Verbandes für ein eigenständiges deutsches Modeschaffen läßt sich auch am »Boykott französischer Modewaren« ablesen, den der Verband Anfang 1923 nach der Besetzung des Rheinlandes durch französisch-belgische Truppen (Folge der vom Deutschen Reich nicht eingehaltenen Reparationsverpflichtungen) ausgesprochen hat. Sogar der Kauf von Pariser Originalmodellen in Holland, der Schweiz oder Wien wurde untersagt, obwohl sich die Verantwortlichen sehr wohl bewußt waren, daß sie dadurch mit finanziellen Einbußen rechnen mußten. Doch sah man es auch als Chance, den Einkäufern des In- und Auslandes sagen zu können: »... wir waren nicht in Paris, seht Euch unsere Sachen an und urteilt, ob sie gut oder schlecht sind, und wir werden sehen, daß auch die Käufer dafür Verständnis haben.« [8)]

Lange konnte der Boykott nicht aufrechterhalten werden, denn spätestens mit der Beilegung des Konflikts durch die Ausarbeitung des »Dawesplanes« im Jahre 1924 fuhren die Berliner wieder nach Paris. Eine der verdienstvollsten Unternehmungen des Verbandes war die Herausgabe des »Styl«, der verbandseigenen Modezeitschrift, die von 1922 bis 1924 erschien und mit ihrer exklusiven Gestaltung internationalen Ansprüchen genügen konnte. Nur die besten Modezeichner und Künstler waren an ihr beteiligt, z. B. Annie Offterdinger und Ludwig Kainer. Auch wenn es widersprüchlich erscheint, daß diese höchst luxuriöse Zeitschrift gerade in den wirtschaftlich schwierigsten Jahren erschien, so spricht dies doch nur für die Hoffnung des Verbandes, sich wirklich vom Pariser Vorbild lösen zu können.

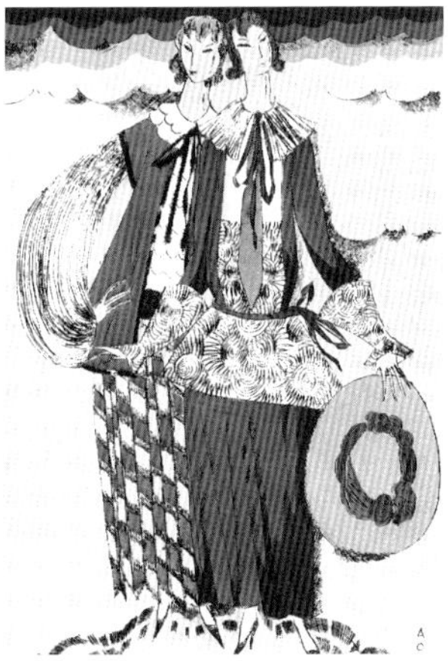

Anni Offterdinger für »Styl«, 1923, Heft 2
Berlin Museum

Der Verband, Mitte der 20er Jahre in »Reichsverband der Deutschen Moden-Industrie« umbenannt, umfaßte neben den wichtigsten Firmen – vor allem der Berliner Branche – bildende Künstler, Stoffabrikanten, Journalisten und Vertreter von Modezeitschriften. Sie alle bezeugen den hohen künstlerischen Anspruch, den der Verband seinen Aktivitäten beimaß, aber auch die Wertschätzung, die weite künstlerische Kreise der Entwicklung der Berliner Modeindustrie gaben. Doch lag die Abhängigkeit von Paris sicherlich nicht an der Einfallslosigkeit oder dem mangelnden modischen Gespür der Berliner. Sie war vielmehr dem Druck der Kundinnen selbst geschuldet, der amerikanischen Dollarprinzessinnen oder der deutschen Finanzadligen, die zwar gern in Berlin kauften, um sich die teure Reise nach Paris zu sparen – doch auf ein Pariser Modell hatten sie es schon abgesehen. Und die Nachfrage war offensichtlich so stark, daß Ende der 20er Jahre auch das Haus Israel eine eigene französische Abteilung eröffnete. Andere große Häuser, wie Gerson oder Manheimer, hatten sie schon vor langer Zeit eröffnet. Diese Abteilungen waren opulent ausgestattete Räumlichkeiten, die bei-

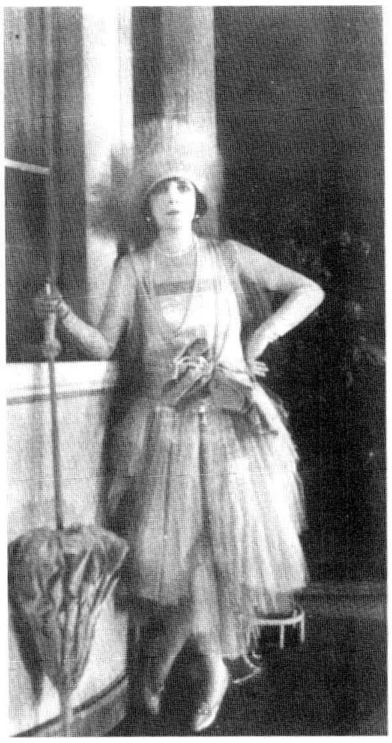

Fritzi Massary in: »Geliebte seiner Hoheit«, in einer Robe von Clara Schultz,
Repro aus: »Die Dame«, 1924/25, Heft 5, Kunstbibliothek SMPK, Berlin,
Foto: Paulmann-Jungeblut

spielsweise im Fall von Manheimer die gesamte Etage zur Jägerstraße hin einnahmen. Auf der anderen Seite des Gebäudekomplexes befand sich die englische Abteilung. Großzügige Umkleidekabinen, umseitig mit Spiegeln ausgestattet, standen den Sängerinnen und Schauspielerinnen zur Anprobe der großen Bühnenroben zur Verfügung. Das Prunkstück war jedoch eine über fünf Meter lange Kabine, die noch aus der Kaiserzeit stammte und zu den Anproben der oft vier Meter langen Hofschleppen benötigt worden war. Die Salonleiterin, gleichzeitig Einkäuferin und erste Verkäuferin, stand der Abteilung vor, in der noch eine Direktrice und zwei weitere Verkäuferinnen beschäftigt waren. Zweimal jährlich fuhren die Chefs der Modellhäuser, die Einkäufer der Maßsalons, aber auch die Konfektionäre des Modell- und Mittelgenres mit ihren Direktricen nach Paris zu den Modeschauen.

Eine Mitarbeiterin von Manheimer, die dort 1923 als Volontärin für den Salonbetrieb angefangen hatte und öfters mit nach Paris gefahren war, berichtete, daß der hohe Eintrittspreis für die Modenschauen auf die Modelle, die man kaufte, angerechnet wurde. Diese Modelle, die bereits im Hinblick auf bestimmte Kundinnen bestellt wurden, wurden in der französischen Abteilung von Manheimer kopiert, mit Veränderungen dem deutschen Geschmack angepaßt und im Hausatelier, in dem etwa 30 Maßschneider und -schneiderinnen angestellt waren, noch einige Male produziert. Über 100 Modelle, teilweise gekauft, teilweise nach Augenschein gefertigt, wurden so in jeder Saison dem Publikum angeboten und auf hauseigenen Modenschauen vorgeführt. Straß- und Perlstickereien wurden zu erfahrenen Stickereiateliers außer Haus gegeben. Auch die kleinen Modesalons im Berliner Westen fuhren nach Paris, um dann ihren Kundinnen die neue Kollektion zu präsentieren.

Sucht man nach einem eigenständigen Modeschaffen in Berlin, findet man es sicherlich weniger im Genre der Tages- und Abendmode im eigentlichen Sinn als vielmehr auf dem Gebiet des Bühnenkostüms. Hier war Berlin führend. Seine zahlreichen Bühnen standen denen New Yorks in keiner Weise nach. Natürlich mußten die Kostüme, besonders der Stars einer Revue oder Operette, internationalen Maßstäben gerecht werden. Und sie wurden es. Für die großen Modehäuser war es nicht nur eine künstlerische Herausforderung, eine Verbindung von luxuriösem Abendkleid mit einer aufwendigen, bühnenwirksamen Robe zu kreieren. Es war auch die beste Reklame, wenn ihre Schöpfungen von den großen Stars getragen wurden. Leider ist aus diesem Bereich wohl keines der Modelle erhalten. Man kann daher die Exklusivität und Phantasie dieser Schöpfungen nur den regelmäßigen Abbildungen in der »Dame« und der »Eleganten Welt« entnehmen. So trägt zum Beispiel Fritzi Massary in »Geliebte seiner Hoheit«, einer Operette von Gilbert, aufgeführt im Theater am Nollendorfplatz, wie immer ein Modell von Clara Schultz: »... ein duftiges graues Tüllkleid, mit Samtbändern in lila Farbtönen, dazu ein hoher steifer Directoireschirm.« Und weiter heißt es: »Fritzi Massary kreiert nicht nur ihre Rollen selbst, sondern auch die Moden. Was und wie sie es trägt, ist maßgebend für die Saison.«[9]

Trotz oder gerade wegen der schlechten Zeiten tat sich beim Besuch dieser Revuen eine Traumwelt auf. Die Schauspielerinnen waren die besten Mannequins der großen Modehäuser. Meist sind sie es, die in den Zeitschriften die Modelle zeigen: von der verspielten Seidenkombination, dem Pyjama, dem luxuriösen »Teagown« für die müßigen Stunden am Morgen über die sachlichen Kostüme oder Jumperkleider bis hin zum eleganten Nachmittagskleid und zur großen Abendtoilette. Aber auch Hüte stellten sie gerne vor. Natürlich waren sie publikumswirksamer als unbekannte Mannequins, obwohl für die tägliche Arbeit in

Anm. 9) »Die Dame«, 1924/25, Heft 5.

Anm. 10) Großes Textilhandbuch, a. a. O., S. 613 und Neue Moden Schnitte. – Eine aufschlußreiche Verschiebung der weiblichen Proportionen. Die Büste ist relativ gleich geblieben, die Taille kräftiger und die Hüfte wesentlich schmaler geworden. Der heutige Frauenkörper weist eine geradere, gestrecktere Silhouette auf. Als »jugendliche Damenfigur« gilt heute auch eher eine 36/38, die damals als »Backfisch« bezeichnet wurde.

Anm. 11) »Elegante Welt«, 1927, Nr. 1.

den Salons und Vorführräumen auch immer viele Vorführ- oder Probierdamen per Annonce gesucht wurden. So inseriert die Firma Max Lesser jr. am 8. November 1922 im »Berliner Tageblatt«: »Probierdame, 42er, elegante, fesche Erscheinung, für sofort bei hohem Gehalt gesucht.« In jenem November wurden überhaupt viele Probierdamen gesucht, alle in den Größen 42/44. Die Größe 42/44 war die kleinste »Frauen Größe«, die als »jugendliche Damenfigur« klassifiziert wurde. Man berechnete für die Oberweite, unter den Armen gemessen, 96 cm, für die Taille 70 cm und für die Hüfte, 20 cm unter der Taille gemessen, 122 cm. Das wären 96-70-122, dem stehen heute, die Größen 42 und 44 getrennt aufgeführt, 92/96-, 72/76-, 98/102 gegenüber.[10)]

Um die Mannequins der einzelnen Häuser bei einem breiten Publikum bekannt zu machen, begann man in der Mitte der 20er Jahre mit der Wahl von »Modeköniginnen«. Die erste, der diese Ehre 1926 zuteil wurde, war Sonja Jovanowich aus dem Hause Manheimer. Ihre Nachfolgerin wurde 1927 ein Mannequin von Gerson, Hilde Zimmermann. Die »Elegante Welt« berichtete über die erfolgreiche Wahl und teilte mit, daß der Krönungsmantel aus leuchtend rotem Krefelder Seidensamt gefertigt und mit Hermelin verbrämt war. Gestiftet hatte ihn das Modehaus Drecoll.[11)] Die Wahl der Modekönigin war also ein mit viel Aufmerksamkeit bedachtes, publikumswirksames Spektakel, das sich die Modehäuser etwas kosten ließen. Auffallend ist auch, daß Hilde Zimmermann weder dem Typ des kühlen Vamps noch dem der kapriziösen Lady entsprach, wie sie beide als weibliche Prototypen der 20er Jahre zum Beispiel in der zeitgenössischen Modezeichnung auftauchen, sondern eher die Frauen verkörperte, die tagtäglich in der Öffentlichkeit zu sehen waren.

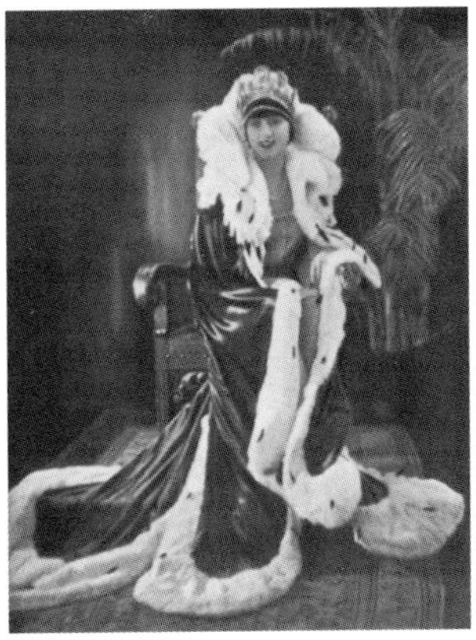

Die Berliner Modekönigin Hilde Zimmermann, 1927, in: »Elegante Welt«, 1927, Nr. 1, Berlin Museum

### Einige Aspekte des veränderten Frauenbildes und der modischen Entwicklung

Die 20er Jahre gelten heute als Inbegriff einer Zeit, in der sich Erscheinung und gesellschaftliche Stellung der Frau in einem Ausmaß verändert haben, wie es erst wieder in den 60er/70er Jahren geschehen sollte. Die Weimarer Republik brachte den Frauen in Deutschland erstmals das Wahlrecht. Sie waren damit, zumindest auf dem Papier, gleichberechtigte Staatsbürgerinnen. Eine Erwerbstätigkeit, wie sie vor dem Ersten Weltkrieg nicht üblich gewesen war, erfaßte Frauen aller Schichten. Als Angestellte bildeten sie einen neuen Berufsstand und waren als Sekretärinnen, Verkäuferinnen und Telefonistinnen im Alltag präsent wie nie zuvor. Diese Veränderung wurde auch in ihrer äußeren Erscheinung deutlich. Der »Bubikopf«, die praktische Kurzhaarfrisur, und vor allem die kurzen Kleider, die die Beine zeigten, mit denen die Frauen mit neuem Selbstbewußtsein auftraten, sind noch heute die beliebtesten Synonyme für diesen Wandel.

Bereits der Erste Weltkrieg hatte einschneidende Veränderungen gebracht. Frauen ersetzten in allen Wirtschaftszweigen, in der Verwaltung und in den öffentlichen Betrieben die eingezogenen Männer. Fast automatisch paßte sich die Kleidung diesen neuen Tätigkeiten an, wurde funktionaler und bequemer. Ob es die französische Modeschöpferin Gabrielle Chanel war, die das luxuriöse weibliche Erscheinungsbild in Kriegszeiten nicht tolerieren mochte und schlichte Kleider aus ungewöhnlichen Materialien entwickelte (Kat. Nr. 4), oder die deutsche Arbeiterin, die erstmals praktische Männerhosen trug – die Weichen für veränderte modische Formen, die in der gesamten kommenden Dekade Gültigkeit haben sollten, waren gestellt.

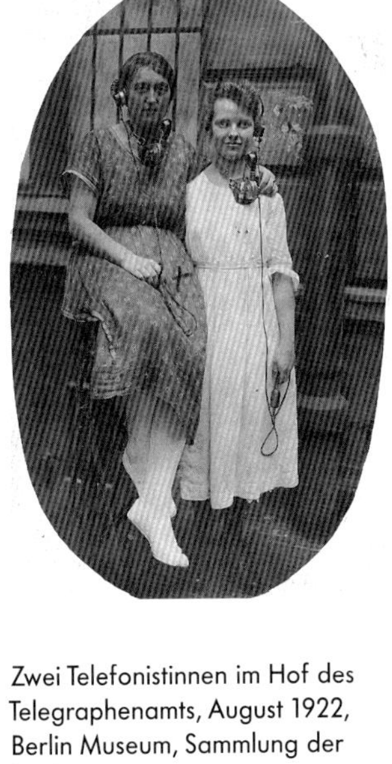

Zwei Telefonistinnen im Hof des Telegraphenamts, August 1922, Berlin Museum, Sammlung der Postkarten

Die letzten Kriegsjahre brachten Stoffmangel und Rationierungen. Die weibliche Kleidung fiel damit zwangsläufig kürzer, knapper geschnitten aus. Es wurden gerade gearbeitete Mantel- oder Futteralkleider getragen und dunkle Stoffe bevorzugt. Auf diese zweckmäßige, von Entbehrungen geprägte Mode reagierten die Modeschöpfer ab 1919/20 mit weicheren, weiblicheren Formen. Farben kamen zurück. Typisch waren schrägabfallende Schultern, eine schmale Taille, die leicht nach oben gerutscht war, und ein die Hüften betonender Rock. Nachdem die Frau im Krieg »ihren Mann gestanden« hatte, erschien sie nun zerbrechlich zart. Bis 1922 herrschte ein Nebeneinander der Stile, es schien nicht leicht zu sein, die zukunftsweisende Linie zu finden. Neben dem geraden Futteralkleid hielten sich nach wie vor die hüftbetonenden Modelle. Nur in einem war man sich einig: Die Taille sollte für einige Jahre unwichtig werden. Noch wurden die Kleider kurz, etwa bis Wadenmitte getragen, doch die Couturiers versuchten die Mode länger werden zu lassen, schließlich war ja wieder Stoff vorhanden. 1922 kristallisierte sich langsam ein einheitlicher Stil heraus. Die wichtigste Neuerung war die nun fast wieder bodenlange, schmal am Körper herabfallende Linie. Die Taille war völlig verschwunden. Sofern es überhaupt Gürtel gab, lagen sie auf der Hüfte oder umspannten sie fest. Ein hemdartiger Schnitt, der für Tages-, Gesellschafts- und Abendkleider gleichermaßen galt (Kat. Nr. 37). Von den Modehäusern wurde wieder eine kostbar gestaltete Kleidung entworfen, in feinsten Stoffen ausgeführt, die jedoch nach wie vor für die Mehrheit zumindest der einheimischen Kundinnen unerschwinglich war.

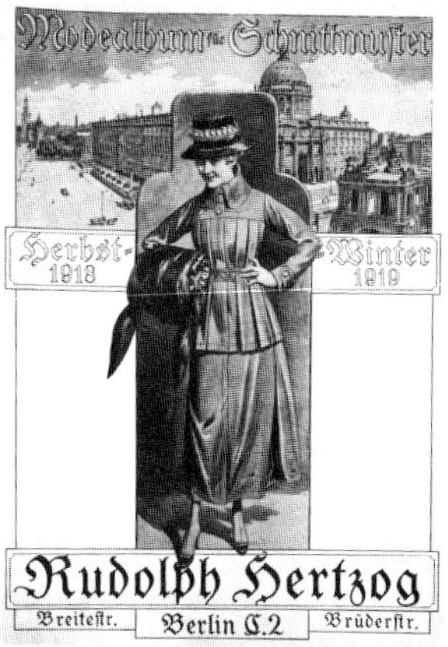


Ein Kostüm von Rudolph Hertzog, Deckblatt des Modealbums für Schnittmuster, 1918/19
Berlin Museum

Die lange Linie konnte sich nicht durchsetzen; im Lauf des Jahres 1924 rutschten die Säume in die Höhe. 20, 25, 30, 35 cm über dem Boden wurden erreicht, und bis 1927 (bei Tageskleidern bis 1928) endeten die Röcke knapp unter dem Knie. Auch allen Versuchen der Modeschöpfer, eine längere Linie durchzusetzen, und sei es mit kleinen Hilfsmitteln, wie an der Seite befestigten längeren losen Teilen oder zipfelnden Rocksäumen, war kein Erfolg beschieden. So versichert Baron Christoph Drecoll den Leserinnen der »Deutschen Elite« 1924: »In Paris sind die Röcke sehr kurz, für unsere deutschen Verhältnisse müssen wir das moderieren. Das gilt für die Tagesmode. Das Abendkleid ist länger. Trotzdem wird nicht auf das beliebte ›Beindekolleté‹ verzichtet.«[12] Damit wurde natürlich auch den Schuhen und Strümpfen eine neue Bedeutung beigemessen. Vorbei waren die Zeiten, als schwarze Strümpfe selbst zum weißen Sommerkleid getragen wurden. Fleischfarbene Kunstseidenstrümpfe eroberten den Markt, und auch unterschiedliche Brauntöne, passend zur Garderobe, wurden gern getragen. Die Gestaltung der Schuhe wurde vielfältiger.

Zwei Gesichter, eine »Tag-« und eine »Nachtseite«, prägten die Mode dieses Jahrzehnts. Tagsüber herrschte eine sachliche und praktische Linie, in strengen Schnitten und ohne große Extravaganzen bei der Auswahl der Materialien. Beliebt waren vielfältig einsetzbare Kostüme (Kat. Nr. 8), Jacken- und Mantelkleider (Kat. Nr. 43) und nicht zu vergessen der neue Typ des »Jumperkleides«. Der Jumper, unser heutiger Pullover, ersetzte die Bluse und ergab in Kombination mit einem Rock ein bequemes Tageskleid. Ein Schnitt war es, der sich besonders großer Beliebtheit erfreute: Ein gerades, mehr oder weniger blusiges Oberteil, mit oder ohne Ärmel, das bis auf die Hüfte reichte, wurde mit einem Rock versehen, der entweder glatt, in Falten oder auch geriehen und gesmokt, in Hüfthöhe angesetzt wurde.

Ihre strengste Ausformung fand die Mode im »Garçonne-« oder »Gaminstil«. Bereits vor dem Ersten Weltkrieg hatten besonders lesbische Frauen einen am männlichen Anzug orientierten Bekleidungsstil gefunden. Ein streng geschnittenes, oft schwarzes Kostüm wurde mit einer sachlichen Bluse und einer Krawatte kombiniert. Ein strenger Herrenhaarschnitt, ein Monokel und die Zigarettenspitze ver-

Anm. 12) »Die Deutsche Elite«, Heft 2, 1924, S. 102.

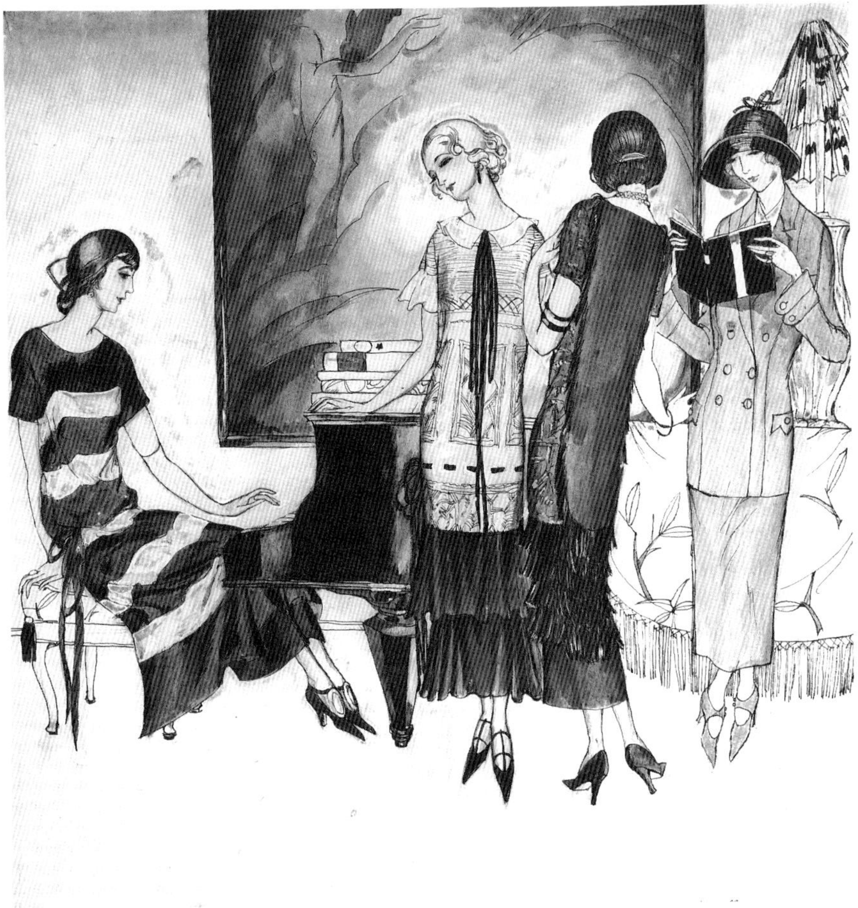

Lieselotte Friedlaender,
Vier Nachmittagskleider, um 1924.
Tuschfeder, aquarelliert,
Berlin Museum

vollständigten das Bild. Dieses »Outfit«, wie man es heute salopp nennen würde, erfreute sich dann in den 20er Jahren einer wachsenden Beliebtheit. Es sollte optischer Ausdruck eines freien, finanziell unabhängigen Lebens sein. Doch seine massenhafte Verbreitung zog auch seine Verwässerung nach sich.

Den Gegenpol zur sachlichen Tageskleidung bildeten die luxuriösen Nachmittags- und Abendkleider, die besonders in der Großstadt mit ihren unzähligen Vergnügungsstätten in umfangreichem Maße getragen wurden. Selbst Angestellte und Arbeiterinnen mit noch so bescheidenem Lohn waren bestrebt, wenigstens ein kunstseidenes Kleid, mit einigen Perlchen bestickt, zu besitzen. Man unterschied das Nachmittags- oder kleine Abendkleid, das Teekleid, die große Abendtoilette, die auch oft ein Stilkleid sein konnte, und natürlich die Tanzkleider, die es in den vielfältigsten Formen und Farben gab. Sie alle waren mit den entsprechenden Abstufungen kostbar ausgestattet. Heute entzünden sich gerade an ihnen alle Phantasien über die »roaring twenties«. Sie sind uns der Inbegriff einer rückhaltlos dem Vergnügen und dem Tanz ergebenen Gesellschaft, aber auch Inbegriff von selbständigen Frauen, die inmitten all dieser lasziven Vergnügungssucht erstmals wagten, sie selbst zu sein, und ohne Vorbehalte ihre persönliche Freiheit, auch in sexueller Hinsicht, zu verwirklichen suchten.

Schon nach wenigen Jahren änderte sich das Bild. Die Kleider wurden länger, oft durch eine verlängerte Rückenpartie, die bei Abendkleidern schleppenartig zu Boden reichen konnte. Das wichtigste Merkmal war jedoch die neue, körperbetonte Form, die mit raffinierten Schnittechniken erzielt wurde und den Körper

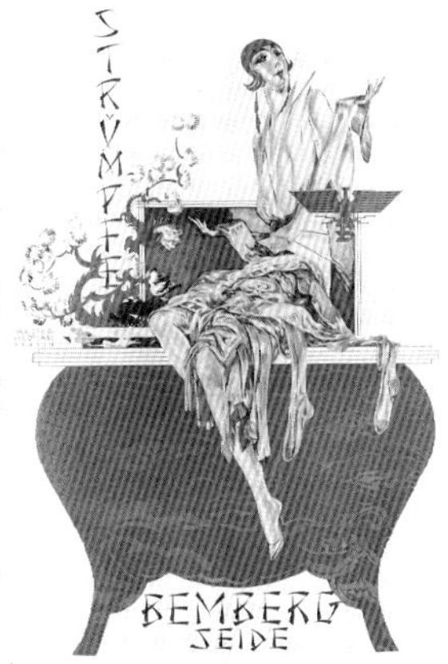


Reklametafel der Firma Bemberg, Berlin Museum.
Die Bemberg- oder auch Adlerseide war die erste, die in Sitz und Optik den reinseidenen Strümpfen Konkurrenz machen konnte. Die Firma Bemberg war ein in Barmen ansässiges Unternehmen.

sanft nachzeichnete (Kat. Nr. 48). So deutete die weiblichere Linie in der Mode bereits die Tendenzen an, die dann in den 30er Jahren erneut zu einer veränderten gesellschaftlichen Stellung der Frau führen sollten. Durch eine strenge Arbeitsmarktpolitik gezwungen und von der nationalsozialistischen Ideologie unter Druck gesetzt, kehrten Frauen wieder verstärkt an den häuslichen Herd zurück, um die Familien zu versorgen.

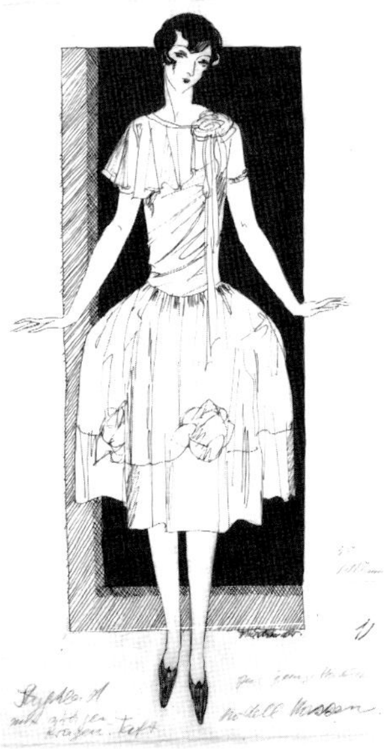

Lieselotte Friedlaender,
Ein Stilkleid für junge Mädchen,
Modell Maassen Berlin, um 1925.
Tuschfeder,
Berlin Museum

## Wirtschaftliche Entwicklung der Berliner Konfektion

Wie ist nun die wirtschaftliche Bedeutung der Berliner Konfektionsindustrie, die gerne nostalgisch-schwärmerisch als eine der wichtigsten Berliner Industrien bezeichnet wird, einzuschätzen? Leider sind genaue Daten und Zahlenmaterial zu diesen Fragen nur sehr spärlich vorhanden, so daß in der Regel nur globale Aussagen gemacht werden können. Wie Jochen Krengel in seiner Untersuchung zur Entwicklung der Berliner Konfektion vor dem Ersten Weltkrieg nachweisen konnte, war die Berliner Bekleidungsindustrie, gemessen an Umsatz, Export und Zahl der Beschäftigten, durchaus als Wachstumsindustrie zu sehen, auch wenn sie, verglichen mit der Elektroindustrie, längst nicht die Bedeutung hatte, die ihr gerne zugewiesen wird.[13)] So betrug im Jahr 1865 der Umsatz 15 Millionen Mark und stieg bis 1910 kontinuierlich auf 250 Millionen Mark. Diese auf den ersten Blick beachtlich erscheinende Steigerung wird allerdings relativiert, wenn man den Umsatz der Berliner Elektroindustrie für den gleichen Zeitraum zum Vergleich heranzieht. Hier waren es 1865 0,7 Millionen Mark, 1913 aber schon 1040 Millionen Mark, also das Vierfache der Konfektion.[14)]

Auch die gängige Ansicht, daß der Haupterfolg der Berliner Bekleidungsindustrie auf einem ständig anwachsenden Exportanteil (vor allem nach den USA) beruhte, hat Krengel widerlegt. Er wies nach, daß der Export von Damenkleidern in die USA bereits ab 1884 erheblich zurückging. Allerdings machte sich dieser Rückgang in der Gesamtsumme nicht bemerkbar, da andere Bereiche, z. B. künstliche Blumen, weiterhin anstiegen und ihn somit ausglichen. Der Grund für diese Veränderung lag zum einen in der Schutzzollpolitik. Wichtiger war jedoch die Errichtung einer eigenständigen Damenkonfektion in den Abnehmerländern nach Berliner Vorbild.[15)] Leider nennt Krengel keine Zahlen für den Export in die Niederlande, die Schweiz und nach Schweden, die noch heute zu den wichtigen Importeuren deutscher Mode gehören. Diese Länder haben keine nennenswerte eigene Konfektion aufgebaut, und so dürfte der Export in diese Länder nach wie vor angestiegen sein. Trotzdem mußte wohl schon vor 1890 der Absatz verstärkt in das Inland verlegt werden, wodurch die Umsatzzuwachsrate verlangsamt wurde.[16)] Doch erst der Beginn des Ersten Weltkrieges stellte für die Berliner Konfektionäre eine ungeheure Belastungsprobe dar. Zum einen war der Export gefährdet, da Deutschland nun mit fast allen Ländern, die zuvor importiert hatten, verfeindet war. Zum anderen wurde die Versorgung mit Rohstoffen immer schwieriger, denn auch die hatte man zu Friedenszeiten zum überwiegenden Teil aus den nun feindlichen Ländern bezogen. In Deutschland setzte eine niemals zuvor in diesem Ausmaß betriebene Suche nach Ersatzstoffen ein. Auch die Herstellung von Kunstseide konnte verbessert werden, was sich bis in die 20er Jahre hinein positiv auswirken sollte. Ab 1916 komplizierte sich die Lage. Der Konfektionsindustrie wurde sogar die für das einzelne Stück zu verbrauchende Stoffmenge von der »Reichsbekleidungsstelle« vorgeschrieben und jegliche Lageranfertigung verboten.

In den Nachkriegsjahren gelang es den Berliner Konfektionären, sich aus dieser schwierigen Situation zu befreien und die Produktion anzukurbeln. Der Verlust der

Anm. 13) Jochen Krengel, Das Wachstum der Berliner Bekleidungsindustrie vor dem Ersten Weltkrieg, in: Jahrbuch für die Geschichte Mittel- und Ostdeutschlands, Bd. 27, Berlin 1978.

Anm. 14) ebenda, S. 213.

Anm. 15) ebenda, S. 219.

Anm. 16) ebenda, S. 221.

ausländischen Märkte konnte wieder wettgemacht werden, doch blieben die Exportzahlen weiter hinter denen der Vorkriegszeit zurück. Dies sei an folgenden Zahlen belegt, die sich jedoch, wie einschränkend bemerkt werden muß, zum einen auf den gesamten deutschen Bekleidungsexport beziehen und zum anderen nicht zwischen Damen-, Herren- und anderer Konfektion unterscheiden.

| Bestimmungsland | 1913 (in 1000 Mark) | 1925 | Prozent der Gesamtausfuhr 1925 |
|---|---|---|---|
| Niederlande | 23 090 | 29 321 | 30,85 |
| Großbritannien | 19 244 | 14 168 | 14,91 |
| Schweden | 3 320 | 11 096 | 11,68 |
| Dänemark | 7 066 | 6 761 | 9,84 |
| Schweiz | 16 731 | 5 394 | 5,68 |
| USA | 5 443 | 5 394 | 5,68 |
| Argentinien | 5 081 | 298 | 0,31 |

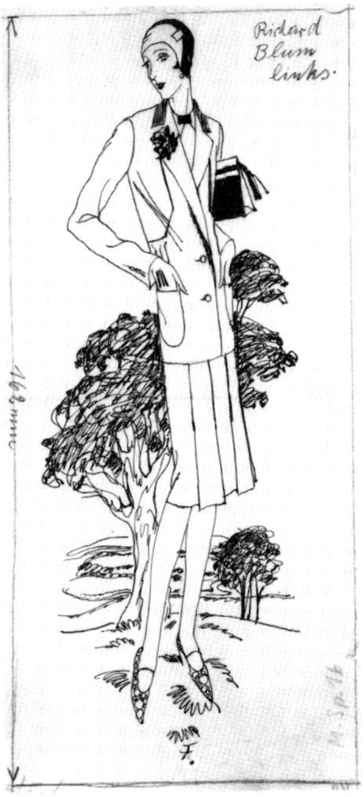

Lieselotte Friedlaender,
Sachliches Tageskostüm, um 1925.
Tuschfeder,
Berlin Museum

Danach betrug der gesamte deutsche Konfektionsexport 1913 ca. 121 Millionen Mark und sank 1925 auf 95 Millionen Mark. Interessanterweise lagen die Exporte in die Niederlande, nach Schweden und in die Schweiz sehr hoch und konnten in den beiden ersten Fällen bis 1925 sogar noch ausgebaut werden.[17)] Nach wie vor jedoch errichtete das Ausland hohe Zollschranken und begünstigte somit die Eigenproduktion. 1925 lag der unmittelbare Absatz ins Ausland bei den exportierenden Firmen bei 10 bis 30 % der erzeugten Menge und erreichte bei einigen wenigen sogar 40 bis 50 %. Damit produzierte ein Teil der Berliner Konfektionäre etwa ein Drittel seiner Ware für den Export.

Der Ausgleich für die Rückgänge im Exportgeschäft wurde wieder im Inland bzw. in Berlin selbst gesucht. Eine Anzahl von Firmen belieferte ihre Abnehmer im Reich mit 50 bis 80 % ihrer Gesamtproduktion[18)]. Die neuen gesellschaftlichen Verhältnisse und die modischen Veränderungen unterstützten diese Tendenz. Die Revolution von 1918 hatte einen unübersehbaren Demokratisierungsprozeß eingeleitet, der sich besonders in der veränderten gesellschaftlichen Stellung der Frau niederschlug. In einem bisher nicht existierenden Ausmaß waren Frauen berufstätig und verdienten ihr eigenes Geld. So war es für eine viel größere Anzahl von ihnen nötig und möglich, modisch gekleidet zu sein. Andererseits hatte sich auch die Mode von den früheren komplizierten Modellen getrennt und war zu einfacheren Schnittlösungen gelangt. Diese beiden Umstände förderten eine viel umfangreichere Massenherstellung von Bekleidung als vor dem Krieg. Hier war auch die geglückte Kunstseidenproduktion wichtig. Sie war der billige, preiswerte Ersatz für die teuren, in der Couture gern verwendeten feinen Seiden.

Diesen Markt eroberte sich die Berliner Bekleidungsindustrie in zunehmendem Maße. Doch entwickelten sich die Zeiten nicht so golden, wie man es sich gewünscht hätte und wie es im nachhinein gerne angenommen wird. Dies war natürlich auf die allgemein schlechte wirtschaftliche Lage zurückzuführen, wurde aber auch durch eine grundsätzliche, strukturelle Krise verursacht, die mit der Berliner Produktionsform zusammenhing.

Bis 1924 hatte die Branche mit den Folgen des Ersten Weltkrieges zu kämpfen. Hervorgerufen durch die hohen Kriegsanleihen und die damit verbundene Staatsverschuldung kam es in den Jahren nach 1918 zu einer Depression, einhergehend mit einer galoppierenden Inflation. 1923 wurden die Löhne in Milliarden

Anm. 17) Uwe Westphal, a. a. O., S. 66.

Anm. 18) Mitteilungen des Statistischen Amts der Stadt Berlin, Berlin 1928, S. 50.

gezahlt, für die man jedoch kaum Lebensnotwendiges kaufen konnte. Kostete ein wollener Frauenrock 1914 noch 14,— Mark, so war der Preis im Oktober 1922 auf 3500,— Mark gestiegen, im Oktober 1923 gar auf 240 Mill. Mark.[19] Daher gab es im Inland kaum finanzkräftige Kundinnen, die in der Lage gewesen wären, Geld für teure Kleidung auszugeben. Erst die Einführung der Rentenmark Ende November 1923 brachte eine Stabilisierung der Währung und einen allmählichen wirtschaftlichen Aufschwung mit sich. Es begannen die eigentlichen »Goldenen Zwanziger Jahre«, die von 1924 bis 1928 dauern sollten. Danach setzte die Weltwirtschaftskrise ein, die im New Yorker Börsenkrach ihren ersten Höhepunkt fand.

Grundsätzlich ist allein bei der Betrachtung der Eintragungen in die Branchenverzeichnisse von 1920 bis 1929 ein bemerkenswertes Anwachsen der Firmeneintragungen festzustellen. Besonders in der Rubrik »Damenkonfektion«, die erst ab 1923 gesondert aufgeführt wurde, findet sich ein riesiger Zuwachs. Leider existieren über die genaue Zahl der Unternehmungen in der Konfektion und in der Maßschneiderei keine zuverlässigen oder fortlaufenden Zahlen. Nur für das Jahr 1927 finden sich im »Taschenbuch für Einkäufer«, erschienen in der Zeitschrift »Der Konfektionär«, folgende Zahlen:

| Unter der Rubrik | Zahl der Firmen |
|---|---|
| Damenmäntel und Kostüme | 272 |
| Damenkleider, -Blusen und Kostümröcke | 355 |
| Maids- und Backfischmäntel und -Kostüme | 47 |
| Mädchen- und Kindermäntel | 27 |
| Modellkonfektion | 31 |
| Mädchen- und Kinderkleider | 38 |
| Morgenröcke und Matinees | 8 |
| Halbfertige Roben | 6 |
| Gummi- und imprägnierte Kleidung | 18 |
| Gesamt: Damenkonfektion | 802 Firmen[20] |

Ergänzt wird dieser Überblick von einer Erhebung, die der Verband der deutschen Damen- und Mädchenmäntelhersteller über seine Mitglieder 1927 erstellt hat. In diesem Verband waren bis auf einige wenige Ausnahmen sämtliche Firmen dieser Branche erfaßt, d. h., die Mitgliedszahlen sind identisch mit denen der Unternehmen in der Berliner Damenmäntelkonfektion.

| | |
|---|---|
| 1. Mai 1912 | 334 Mitglieder |
| 1. Juni 1914 | 325 Mitglieder |
| 1. Mai 1919 | 330 Mitglieder |
| 1. September 1921 | 344 Mitglieder |
| 16. März 1922 | 356 Mitglieder |
| 10. September 1923 | 422 Mitglieder |
| 20. März 1924 | 421 Mitglieder |
| 31. Dezember 1925 | 327 Mitglieder |
| 18. Mai 1926 | 320 Mitglieder |
| Ende 1926 | 268 Mitglieder |

Interessant an dieser Erhebung ist die starke Zunahme von Eintragungen zwischen 1922 und 1923 und der eklatante Rückgang im Lauf des Jahres 1926. Der Verband versicherte, daß keines der Mitglieder ausgetreten, daß vielmehr alle ausgeschiedenen Firmen entweder aufgelöst worden oder in einigen Fällen in anderen Firmen aufgegangen seien[21]. Dem entspricht ein Bericht im Januarheft 1926 der Mitteilungen der Industrie- und Handelskammer über die Entwicklung der Berliner Bekleidungsindustrie: »Die außerordentlich ungünstigen Verhältnisse haben auch in diesen Monaten keine Änderung erfahren. Nach wie vor befindet sich dieser Geschäftszweig in einer ernsten Krise, die auch größere Firmen in ernste Mitleidenschaft gezogen hat. Bei den geringen Aussichten hinsichtlich des Exports und der Verengung der Absatzmöglichkeiten im Inland ist auch durch die Stillegung zahlreicher Betriebe kaum mit baldiger Besserung zu rechnen.«[22]

Tatsächlich vermochte selbst ein so renommiertes Unternehmen wie Manheimer nicht, der Ende der 20er Jahre einsetzenden Wirtschaftskrise standzuhalten, und mußte aufgeben. Doch lagen die Schwierigkeiten der Berliner Modeindustrie sicherlich nicht nur an der allgemein schlechten wirtschaftlichen Lage. Es zeichneten sich vielmehr bereits damals strukturbedingte Probleme ab, die mit der Art der Fertigung, dem Zwischenmeistersystem, verbunden waren. Diese verlagsmäßige Produktionsform der Berliner Konfektion entsprach nicht mehr den Anforderungen, die an einen wirtschaftlich arbeitenden Betrieb gestellt wurden. Auch in der Konfektion hätte eine Rationalisierung nach US-amerikanischem Vorbild eingeführt werden müssen. Doch war es damals wegen der ständigen modischen Wechsel kaum möglich, einen Betrieb auf fabrikmäßige Produktion umzustellen. Auch die hohe Qualität der Verarbeitung, für die Berlin berühmt war, hätte in einem Fabrikbetrieb nur schwer aufrechterhalten werden können.

Doch trotz der ständigen wirtschaftlichen Berg- und Talfahrt waren die 20er Jahre für die Berliner Bekleidungsindustrie im Hinblick auf Vielfalt der Formen, Qualität der Verarbeitung und künstlerische Vielfalt der Entwürfe eine Blütezeit. Der Niedergang der Branche in den 30er Jahren wurde nicht etwa durch die Zuspitzung der wirtschaftlichen Probleme verursacht, die Gründe lagen vielmehr in den politischen Veränderungen. Mit ihrer Machtübernahme beendeten die Nationalsozialisten 1933 nicht nur das freie, kreative Schaffen der Berliner Branche, sie zerstörten auch deren über hundert Jahre alte Traditionen. Wie Uwe Westphal beschrieben hat, war die Berliner Konfektion nicht zu 90 % »verjudet«, wie es die nationalsozialistische Hetzpropaganda behauptete. Etwa 50 % der Berliner Konfektionäre waren Juden, und zu ihnen zählten die wichtigsten Unternehmer der Anfänge: Hermann Gerson, Valentin Manheimer, Nathan Israel, um nur einige zu nennen. Ihre Häuser zählten noch in den 20er Jahren zu den ganz großen in der Berliner Branche, und ihre Bemühungen, zusammen mit den Kollegen gerade in dieser Dekade die schwierigen Probleme zu meistern, denen die Konfektion gegenüberstand, sind unbestritten. Als Beispiel für dieses Engagement sei nochmals auf die Aktivitäten des Verbands der Deutschen Moden-Industrie verwiesen, dem sie alle als führende Mitglieder angehörten.[23] Mit der »Arisierung« der Betriebe der jüdischen Konfektionäre, ihrer Verfolgung und – bei denjenigen, denen die Emigration nicht mehr gelang – Ermordung wurde der Berliner Konfektion ein nicht wiedergutzumachender Schaden zugefügt.

Anm. 19) Statistisches Taschenbuch der Stadt Berlin 1924, Berlin 1924, S. 29.

Anm. 20) Uwe Westphal, a. a. O., S. 64.

Anm. 21) Erwin Wittkowski, Die Berliner Damenkonfektion, Berlin 1928, S. 21.

Anm. 22) Mitteilungen der Industrie- und Handelskammer Berlin, Berlin 1926, S. 11.

Anm. 23) Uwe Westphal, a. a. O., S. 96 und S. 46 f.

Heike Stange

# *Das Bühnenkostüm: Vom Prunk zur Vielfalt*

Der Körper der Schauspielerin wird, anders als bei ihrem männlichen Kollegen, als ihr wichtigstes Material betrachtet.

Mit Wiedereinführung der Gewerbefreiheit für Theaterunternehmen im Jahre 1869 wurde potentiell bürgerlich-idealistisches Theater zugunsten eines Geschäftstheaters, das die jeweiligen Direktoren nur nach kommerziellen Interessen leiteten, zurückgedrängt. Inhalte spielten eine geringe Rolle, wichtig war die Ausstattung. Das hatte für die Schauspielerin fatale Konsequenzen: die Theaterdirektoren engagierten mit Vorliebe junge, unverheiratete Frauen, weil sie sich von ihnen mehr Attraktion für das Publikum versprachen. Das implizierte Chancenlosigkeit für ältere und für verheiratete Darstellerinnen und für solche mit Kind. Während der Engagements waren sie bei Heirat oder Schwangerschaft dem Risiko der willkürlichen Kündigung durch den Direktor ausgesetzt; soziale Absicherungen gab es nicht.

Ein weiteres Kriterium für den Abschluß eines Vertrags zwischen Theaterdirektor und Schauspielerin war, ob sie ausreichend Garderobe mitbrachte: je prunkvoller, desto besser. Wurde dann ein Vertrag geschlossen, so bürdete der Direktor im sogenannten Kostümparagraphen des Vertrags die gesamte Verantwortung für die Kostümausstattung der Schauspielerin auf. Wuchsen seine Ansprüche sowohl an die historischen als auch an die modernen Kostüme, die nach Pariser Modellen angefertigt und möglichst zahlreich sein sollten, um die Bedürfnisse des Publikums zu befriedigen, so trugen die Konsequenzen hierfür allein die Schauspielerinnen. Zum einen konkurrierten sie um die schönsten Kostüme, nicht nur auf der Bühne, sondern auch im Alltag, denn eine Unterscheidung gab es hier nicht. So ist es sicherlich nicht falsch, in diesem Zusammenhang von kleineren Modeschauen zu sprechen. Abgesehen davon, daß Schauspielerinnen auf ihre körperliche Anziehungskraft reduziert wurden, trugen sie zum anderen auch die materiellen Kosten. Diese überstiegen für die meisten ihre Gagen um ein Vielfaches, so daß sie nachts ihre Kostüme schneiderten und/oder sich prostituieren mußten.

Die Bühnengenossenschaften (die gewerkschaftliche Vertretung der Bühnenangehörigen), das ihr untergeordnete Frauenkomitee und die Frauenbewegung sahen als Grund für die Verelendung und das Leid der Schauspielerinnen diesen Kostümparagraphen an. Sie kämpften um seine Abschaffung und erreichten zunächst die Gründung eines Kostümverleihs 1899 in Berlin, bei dem sich Schauspielerinnen billig, notfalls gar umsonst die notwendige Bühnenkleidung besorgen konnten. Im Reichstheatergesetz von 1919 konnte die Kostümfrage sozial endlich gelöst werden, indem die Verantwortung für die Beschaffung den Schauspielerinnen abgenommen und den Theaterbetreibern, inzwischen häufig in städtischer Obhut, zugewiesen wurde. Dennoch bleibt auch weiterhin die Kleidung der Schauspielerinnen wichtig.

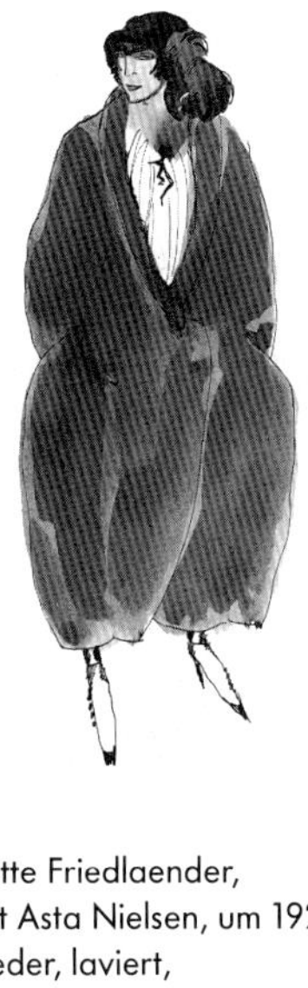

Lieselotte Friedlaender,
Portrait Asta Nielsen, um 1920.
Tuschfeder, laviert,
Berlin Museum

Vor diesem spezifischen Hintergrund, der Historisierung der sozialen Auswirkungen des Kostümparagraphen auf Schauspielerinnen, bekommt die Ausgangssituation des Schauspielerinnenberufs Anfang des 20. Jahrhunderts eine zusätzliche, nämlich soziale Dimension. Außerdem eröffneten sich den Frauen zu dieser Zeit insgesamt mehr Lebensperspektiven: bessere Ausbildungschancen, Zulassung zum Studium, die Entwicklung der Angestelltenberufe wie Sekretärinnen und Verkäuferinnen und nicht zuletzt auch das Wahlrecht. Auf den Bühnen wurden die Frauenbilder und -entwürfe vielfältiger, sowohl in den dramatischen als auch in den Unterhaltungsgenres wie Operette, Revue und Cabaret. Neue Themen wie unglückliche Ehen (Ibsen, Strindberg), ungewollte Schwangerschaften (Hauptmann) und auch Mode sowie neue Körperideale (Schlankheit) wurden reflektiert. Von sechs Frauen, die vor allem in der Weimarer Republik populär waren, aber zum größten Teil ihren ersten künstlerischen Erfolg schon vor dem Ersten Weltkrieg hatten, möchte ich im folgenden biographische Skizzen geben.

*Rosa Valetti*, 1876 in Berlin geboren, nahm heimlich Schauspielunterricht. Seit 1898 spielte sie an verschiedenen Berliner Bühnen Charakterrollen. Während des Ersten Weltkriegs leitete sie das Residenztheater. In den 20er Jahren widmete sie sich neben weiteren Bühnentätigkeiten vor allem dem Cabaret, das sie Ende des letzten Jahrhunderts in Paris kennengelernt hatte. Sie trug nicht nur Lieder vor, sondern leitete auch Cabarets: 1920 gründete sie das »Größenwahn«, 1922 leitete sie kurze Zeit die »Rakete« und von 1922 bis 1925 die »Rampe«. Cabarets, in den 20er Jahren ein typisches Merkmal des Berliner kulturellen Lebens, hatten im allgemeinen keine lange Lebensdauer, da die Brisanz von Unterhaltung und politisch-emanzipatorischen Inhalten sich schnell verflüchtigte. Rosa Valetti förderte den Nachwuchs, so auch Kate Kühl, die einen politisch-emanzipierten Frauentyp verkörperte. Valettis Aussehen wurde als häßlich beschrieben, was jedoch durch ihre Ausstrahlung aufgewogen werde. In der »Rote(n) Melodie«, die Kurt Tucholsky für sie schrieb, drohte sie in der Rolle der weiblichen Kämpferin dem General, nicht noch einmal einen Krieg anzufangen, denn die Opfer würden sich wehren. Im Jahr 1933 emigrierte sie nach Wien und starb dort 1937.

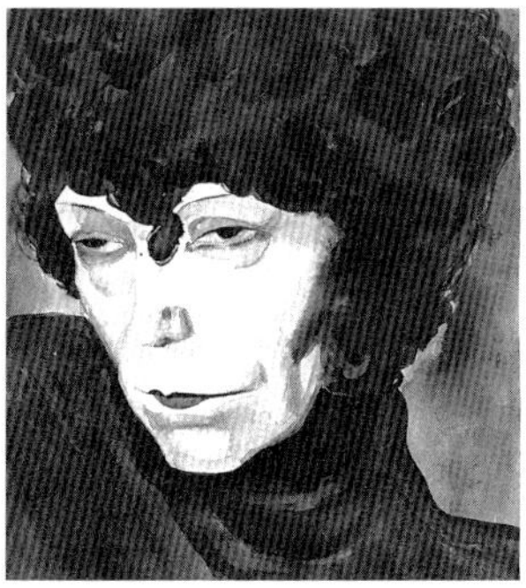

Lieselotte Friedlaender, Portrait Rosa Valetti, um 1920. Aquarell, Berlin Museum

*Fritzi Massary*, 1882 in Wien geboren, kam 1904 nach Berlin ans Metropol-Theater, die wichtigste Operettenbühne Berlins. Sie wurde dreißig Jahre lang als »Königin der Operette« und »Stadtgöttin von Berlin« gefeiert und war die höchstbezahlte Diva der Weimarer Republik. Als Mezzosopranistin sang sie in Operetten von Oskar Straus und Leo Fall, mit dem sie eng zusammenarbeitete. Sie wurde als feine Dame im Unterhaltungstheater beschrieben, die das Niveau der Operette nicht nur durch ihren Gesang, sondern auch durch ihren Charme und ihre Grazie gehoben habe. Ab 1929 ging sie auch zur Sprechbühne. Im Jahr 1933 emigrierte sie aus Berlin und starb 1969 in Hollywood.

*Claire Waldoff*, 1884 in Gelsenkirchen geboren, kam 1906 nach Berlin und spielte hier zunächst in Possen. Im Jahr 1907 wurde sie für das Cabaret »Roland von Berlin« engagiert. Obwohl ihr die Zensurbehörde nicht nur den Vortrag von Scheerbart-Texten wegen antimilitaristischer Tendenzen verbot, sondern auch ihren Auftritt im Anzug, war sie dennoch erfolgreich. Sie spielte seitdem Cabaret und trat ab 1917 auch in Revuen und Operetten auf. Sie galt als Urbild der »deftigen Berlinerin«, als Frau aus dem Volk, die resolut Wünsche und Sehnsüchte gegen die genormte Spießigkeit verteidigte, z. B. in »Wer schmeißt denn da mit Lehm«, »Warum soll er nicht mit ihr«. In der Weimarer Republik trat Claire Waldoff meist mit Rock, Bluse und Schlips auf, sie verzichtete weitgehend auf Gestik und Mimik. Unter den Nazis wurde sie zur unerwünschten Person und zog sich nach Bayrisch Gmain zurück. Sie starb 1957.

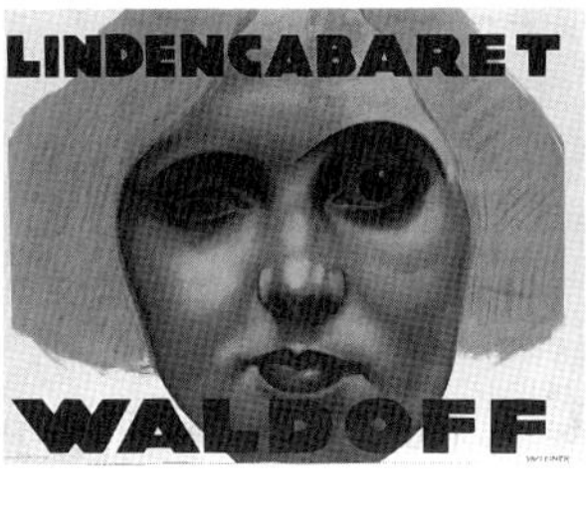


Joseph Steiner, Claire Waldoff im Lindencabaret, 1914. Berlin Museum, Plakatsammlung

*Leopoldine* Eugenie Amalie *Konstantin*, 1886 oder 1890 in Brünn geboren, kam 1907 nach Berlin zu Max Reinhardt ans Deutsche Theater. Sie galt als Charakterschauspielerin und Salondame, die majestätische Gestalten oder Damen in erotischen Situationen verkörperte. Hervorgehoben wurde in diesem Zusammenhang ihre Fähigkeit, außergewöhnliche Garderoben zu tragen. In den 20er Jahren spielte Leopoldine Konstantin vor allem Theater in Wien, kam zu einigen Gastspielen nach Berlin und spielte hier auch beim Stummfilm. Sie wanderte 1933 zunächst nach Wien, dann in die USA aus und starb 1965 in Hitzing bei Wien.

*Trude Hesterberg*, 1892 oder 1897 in Berlin geboren, absolvierte eine Ausbildung als Opern- und Konzertsängerin am Konservatorium und begann mit Engagements in Operetten und musikalischen Lustspielen. Im Jahr 1919 sprang sie für Gussy Holl, eine bekannte Berliner Diseuse, in Max Reinhardts »Schall und Rauch« ein und erzielte einen großen Erfolg. Als jüngste Theaterleiterin Berlins gründete sie 1921 das Cabaret »Wilde Bühne« im Keller des Theater des Westens, das 1923 abbrannte. Danach kehrte sie zu Operette und Revue zurück und spielte u. a. in der Revue »An und aus«, die das Thema Mode zum Gegenstand hatte. In dem Lied »Ach, lege deine Wange« bzw. »Lächle, Berliner!« von Kurt Tucholsky und Friedrich Hollaender verkörperte sie eine selbstbewußte Frau, die den kleinen Ärgernissen des Alltags ironisch-frech begegnet. Während der Nazizeit spielte sie am Theater und beim Film und starb 1967 in München.

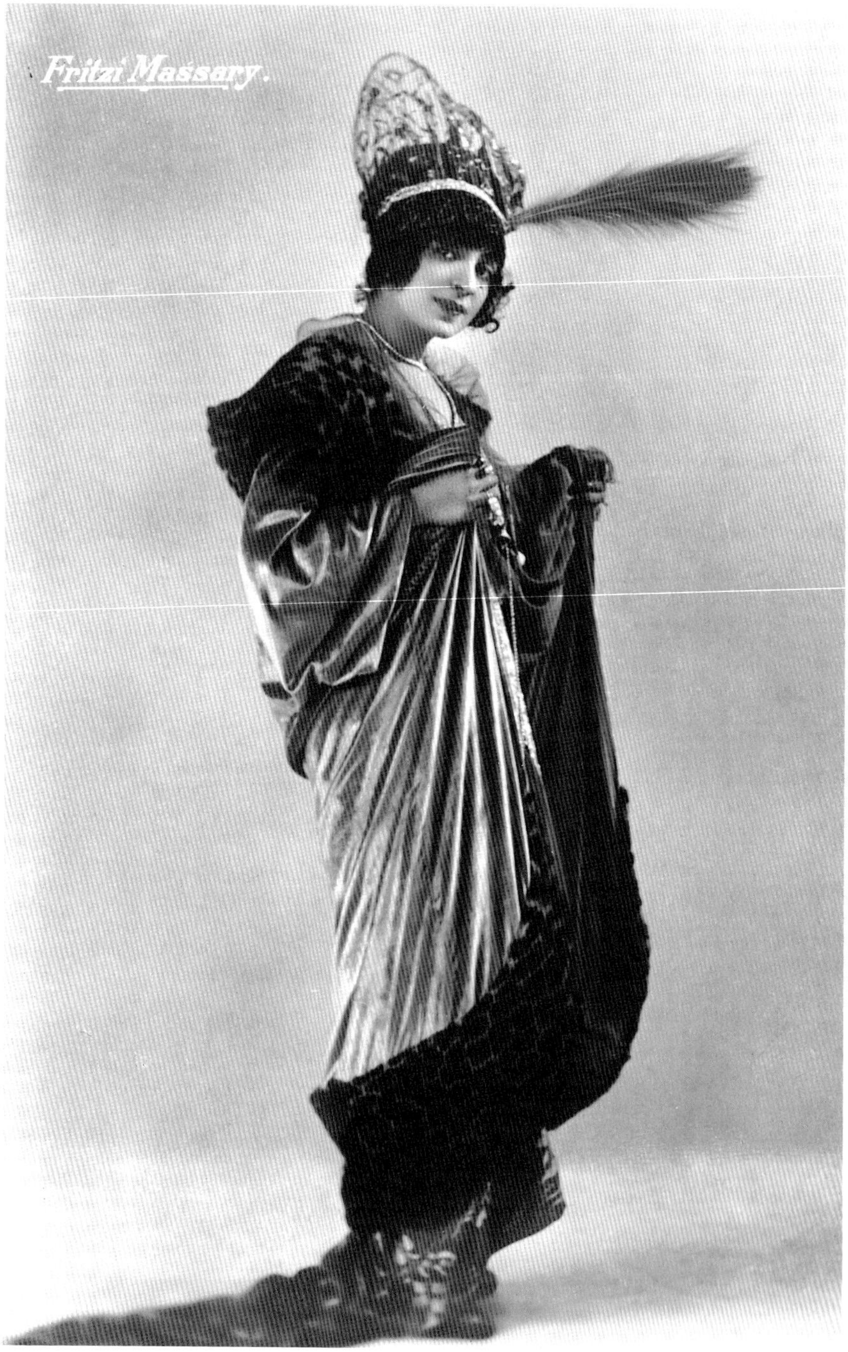


Fritzi Massary in einer Bühnen- und Abendrobe, um 1912. Berlin Museum, Sammlung der Postkarten

*Blandine Ebinger*, 1902 in Berlin geboren, die jüngste der hier vorgestellten Frauen, begann ihre Theaterlaufbahn schon früh mit Kinder- und Jungmädchenrollen. Ihre Cabaretpremiere war ihr Auftritt im »Schall und Rauch« mit dem Zyklus »Lieder eines armen Mädchens« (»Wenn ick mal tot bin«, »Groschenlied«, »Oh Mond«) von Friedrich Hollaender, in denen sie von den Wünschen eines Proletariermädchens aus dem Berliner Norden erzählte. Diese Lieder brachten ihr den Ruf der »bleichsüchtigen Berliner Asphaltpflanze« ein. Im Laufe der 20er Jahre wandelte sie ihr Repertoire hin zu Liedern wie »Die Kleptomanin«. Gleichzeitig spielte sie auch noch Theater. Sie emigrierte 1936 in die USA und kehrte 1948 nach Berlin zurück.

Zu Blandine Ebingers Generation gehören noch andere Kabarettistinnen, die weitere Frauentypen der 20er Jahre repräsentieren: Kate Kühl (1899–1970), die mit politisch-emanzipatorischen Chansons von Kurt Tucholsky und Friedrich Hollaender (»Die Dorfschöne«, »Die Trommlerin«) Erfolg hatte, Margo Lion (* 1899), die mondän und witzig in Liedern von Marcellus Schiffer und Mischa Spoliansky (»Die Linie der Mode«, »Sex Appeal«) die Mode und die genormte Schlankheit parodierte, und Valeska Gert, die das skurrile Tanzcabaret erfand.

In den skizzierten Biographien deuten sich die für die 20er Jahre typischen Frauenbilder an. Ist die Kleiderfrage für die Schauspielerinnen sozial gelöst, so zeigt sich doch in den zeitgenössischen Beobachtungen, wie entscheidend ihr Aussehen und ihre Kleidung für die gesellschaftliche und künstlerische Akzeptanz und Einordnung bleiben. Die Schauspielerinnen sind Objekt sowohl von Wünschen und Sehnsüchten von weiblichen und männlichen Zuschauern als auch von Identifikationen der Zuschauerinnen.

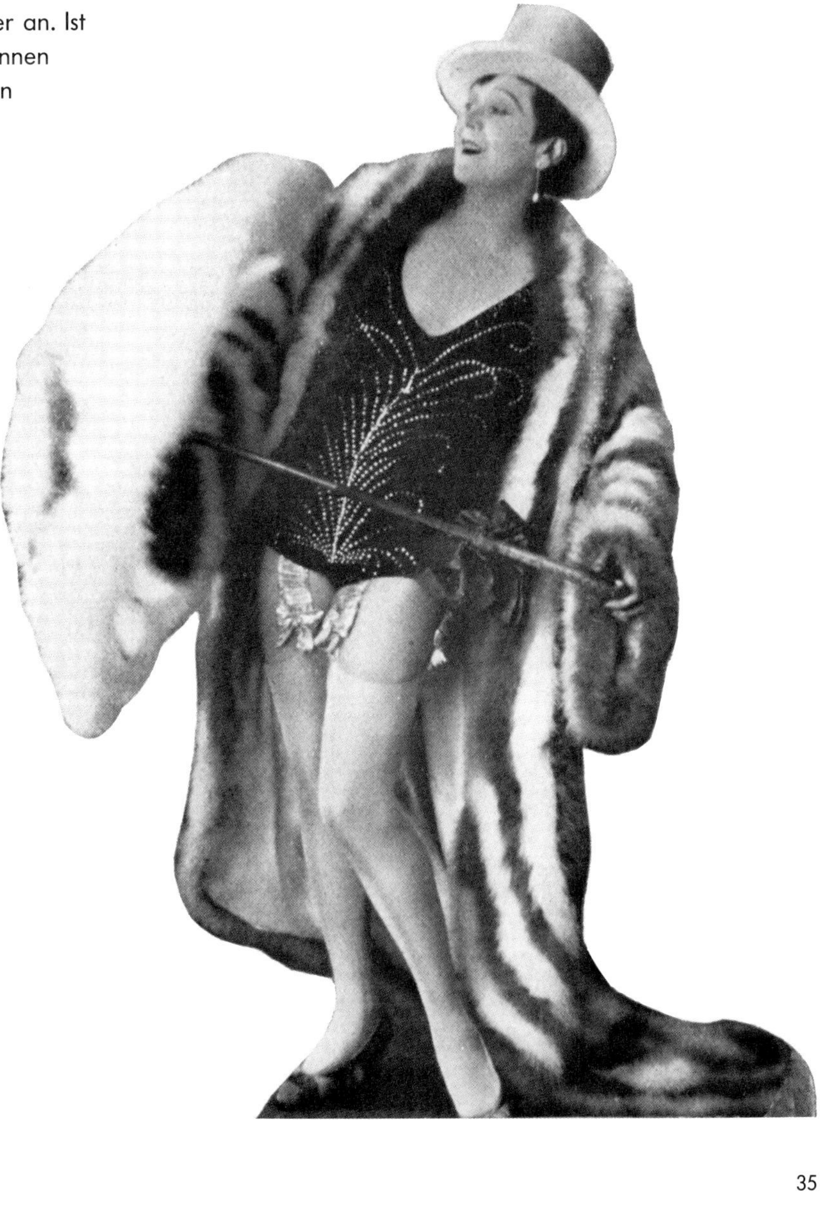

Trude Hesterberg in der Haller-Revue »An und Aus«, Berlin 1926. Repro aus dem Programmheft, Berlin Museum

Literatur:
Marcus Bier, Schauspielerporträts. 24 Schauspieler um Max Reinhardt, Berlin 1989
Deutsches Kabarett Archiv, Reinhard Hippen (Hg.), »Sich fügen – heißt lügen«. 80 Jahre deutsches Kabarett, Mainz 1981
Volker Kühn (Hg.), Hoppla, wir beben. Kabarett einer gewissen Republik 1918–1933 (= Kleinkunststücke, Bd. 2), Weinheim und Berlin 1988
Gisela Schwanbeck, Die soziale Stellung der Schauspielerin, Diss. Berlin 1956

Christa Gustavus

# *Lieselotte Friedlaender und der »Modenspiegel«*

Die »Goldenen Zwanziger Jahre« in Berlin – die Bezeichnung, im nachhinein geprägt, bleibt, wie heute allgemein bekannt, an der Oberfläche dieser unruhigen Zeit. An einer ihrer wenigen wirklich goldenen Seiten können wir uns heute noch erfreuen und ihr Verschwinden betrauern: den Mode- und Text-Illustrationen in den aus Berlin stammenden Gesellschafts- und Modejournalen. »Styl«, »Elegante Welt«, »Die Dame«, »Die deutsche Elite«, »Der Modenspiegel«..., alle beschäftigten sich in verschiedenen Variationen mit »... Mode und den angenehmen Dingen des Lebens ...«[1]; Traumfabriken für die meisten ihrer Leser/innen, denn nur wenige konnten die Anregungen auch realisieren.

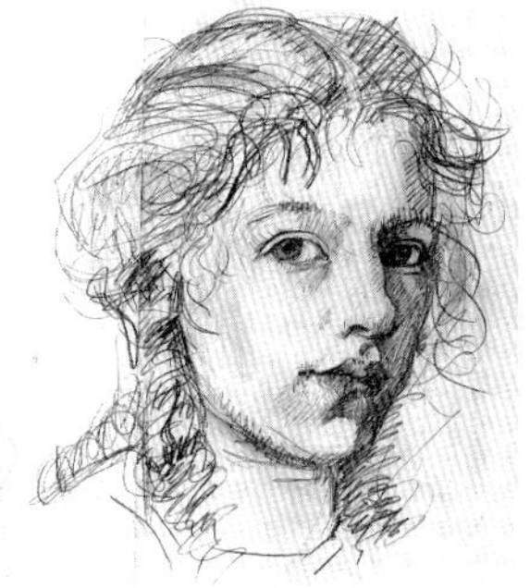

Lieselotte Friedlaender, Selbstportrait, 1915. Bleistift, Berlin Museum

Da fotografische Abbildungen in den 20er Jahren noch relativ aufwendig und teuer waren, waren es vor allem Zeichnungen, die den Lesern/innen ein Bild der jeweiligen Mode vermittelten. Es entstand eine anspruchsvolle Gebrauchsgrafik, die Ausdruck des Stilbedürfnisses und der allgemeinen Kunstaufgeschlossenheit der Epoche war. Berlin als Reichshauptstadt und deutsche Gesellschafts-, Mode- und Presse-Metropole bot dieser Entwicklung sowohl den Rahmen als auch den Nährboden. Neben Paris dürften hier die besten Modezeichner der Zeit gearbeitet haben: an der Spitze Anni Offterdinger, daneben Ludwig Kainer, Jeanne Mammen, Lutz Ehrenberger, Julia Haase-Werkenthin, R. L. Leonard und viele gleichwertige andere – dazu gehörte auch Lieselotte Friedlaender, die seit Ende 1922 dem »Modenspiegel« sein Gesicht gab.

Der »Modenspiegel« war eine der wöchentlichen illustrierten Beilagen des »Berliner Tageblatts«, einer bürgerlich-liberalen Zeitung. 1871 von Rudolf Mosse gegründet, hatte es in der zweiten Hälfte der 20er Jahre eine Auflage von rund 140 000 Exemplaren, die Sonntagsausgabe sogar 250 000. Neben der »Frankfurter Zeitung« galt das »BT«, wie es meist genannt wurde, als »das« deutsche Weltblatt. Zu seinen Mitarbeitern zählten bekannte Namen wie Alfred Kerr, Fritz Stahl, Julius Meier-Graefe, Rudolf Olden, Fritz Engel und Alfred Einstein; seit 1906 war Theodor Wolff, einer der renommiertesten deutschen Journalisten, Chefredakteur.

Der »Modenspiegel« sprach eine breitere Leserschaft an als die großbürgerlichen Journale wie »Styl« oder »Die Dame«, bot aber den gleichen Inhalt aus Mode, kulturellen und gesellschaftlichen Themen. Die Titelblätter des Jahres 1921 sind von Anni Offterdinger, Lutz Ehrenberger, Ludwig Kainer u. a. entworfen, der Exklusiv-Vertrag, der 1922 mit der 24jährigen Lieselotte Friedlaender geschlossen wurde, beweist die hohe Anerkennung ihrer Arbeiten.

Lieselotte Friedlaender, 1898 in Hamburg geboren, stammte aus einer großbürgerlichen Familie jüdischer Herkunft. Ihr Großvater Ludwig Heinrich Friedlaender, war Professor an der Albertus-Universität Königsberg, ihr Vater Konrad war Korvettenkapitän. Ihre künstlerische Begabung setzte sich früh durch; bereits mit 15 Jahren begann sie ihre ersten Studien 1913/14 – sie lebte inzwischen in Berlin – bei Prof. Georg Tappert. Käthe Kollwitz schrieb im März 1917 in ihr Tagebuch: »Wenn ich vergleiche: meine Zeichnungen aus meinem 15. Jahr und so manches von Rele, Sabine Lepsius und Lieselotte Friedlaender aus derselben Zeit. Peinlich dilettantisch, d. h. geschmacklich dilettantisch sind meine Sachen dagegen.«[2]

Ab 1915 studierte sie während einer Internats-Schulausbildung an der Kunstakademie in Kassel; 1918/19 kehrte sie nach Berlin zurück und schloß ihre Studien als Meisterschülerin an der Kunsthochschule in Charlottenburg ab, gleichzeitig arbeitete sie praktisch in der graphischen Werkstatt von Lucian Zabel.

Bis 1921 lassen ihre im Nachlaß überkommenen Arbeiten keine besondere

Anm. 1) So der Untertitel der Zeitschrift »Styl«, herausgegeben vom Verband der Deutschen Moden-Industrie, Berlin 1922–1924.

Anm. 2) Käthe Kollwitz, Die Tagebücher, hrsg. v. Jutta Bohnke-Kollwitz, Berlin 1989, S. 308.

Neigung zum Thema Mode erkennen; Theater- und Tanzdarstellungen sind vorherrschend. Durch die Bekanntschaft mit der Modejournalistin Ola Alsen kam sie 1922 zur »Eleganten Welt«. Dort zeichnete sie zwar keine Mode-, sondern Text-Illustrationen, die aber – dem Charakter der Zeitschrift entsprechend – durchaus modisches »Flair« hatten. (Für die Modezeichnungen war über lange Jahre Gertrud Mansfeldt zuständig.) Als Beispiele: in Nr. 7 illustrierte sie Ola Alsens Artikel »Sport in Karo und Streifen«; in Nr. 11 gab sie der »Poesie der Maibowle« Ausdruck; in den Nr. 12 u. 19 zeichnete sie für »Das deutsche Nationaltheater« und »Die deutsche Weltstadt am Rhein« (Köln).

Im November 1922 begann sie ihre Arbeit für den »Modenspiegel«, den sie bis 1933 gestalten sollte. In den Anfangsjahren waren es meist Federzeichnungen, getuscht und laviert. 1926/27 führte der Verlag den Vierfarben-Kupfertiefdruck ein. Lieselotte Friedlaender entsprach dem durch Umstieg auf die Aquarelltechnik. In enger Zusammenarbeit mit der Druckerei schöpfte sie die Möglichkeiten der neuen Technik für ihre Illustrationen voll aus.

Das Charakteristische an ihren Modezeichnungen ist, daß sie selten eine simple Darstellung eines modischen Gegenstandes liefert. Meist zeichnet sie kleine oder größere Szenarios, in denen das eigentliche Thema erst auf den zweiten Blick auffällt. So eilt auf der Titelseite der Nr. 14/1923 eine junge elegante Frau beschwingt eine Treppe hinunter, um ihre ebenso eleganten Besucherinnen zu begrüßen. Titel des Ganzen: »Das Parmaveilchen als Hut- und Kleiderschmuck« – also die Blütentuffs, die die Garderoben der Damen, die aus dem Berliner Modesalon M. Gerstel stammten, schmücken.

Es ist eine elegante Welt, die im »Modenspiegel« dargestellt wird. Für die meisten Leserinnen dürften die Toiletten der führenden Berliner Modesalons wie

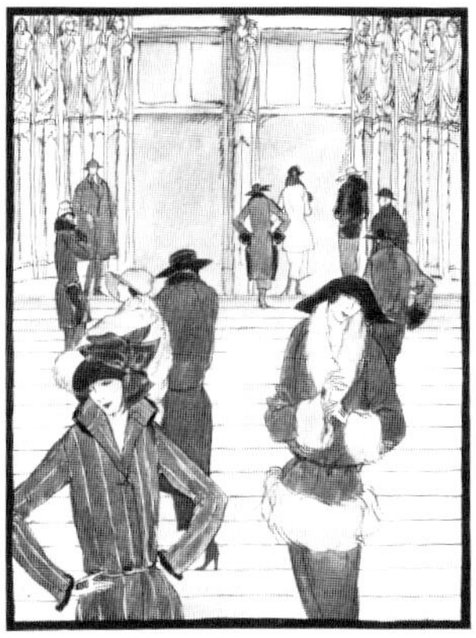

Textillustration zu »Die Deutsche Weltstadt am Rhein«, aus: »Elegante Welt«, 1922, Heft 19

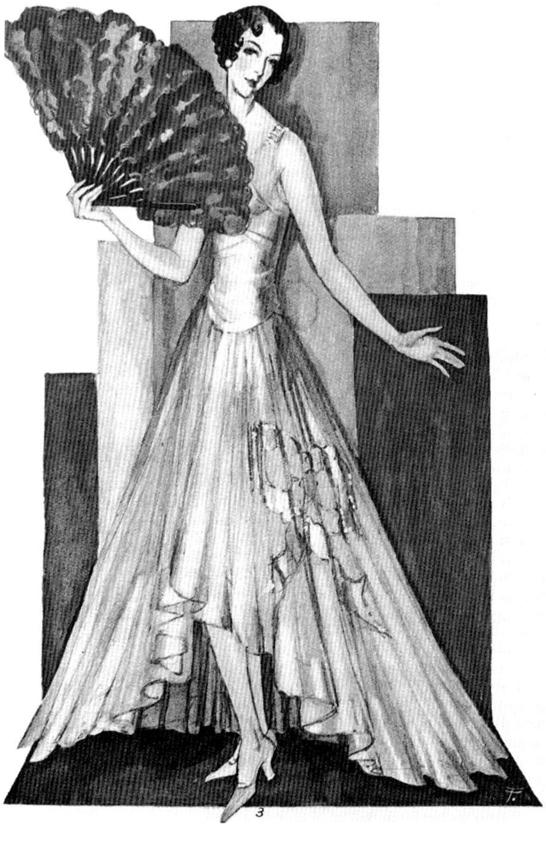

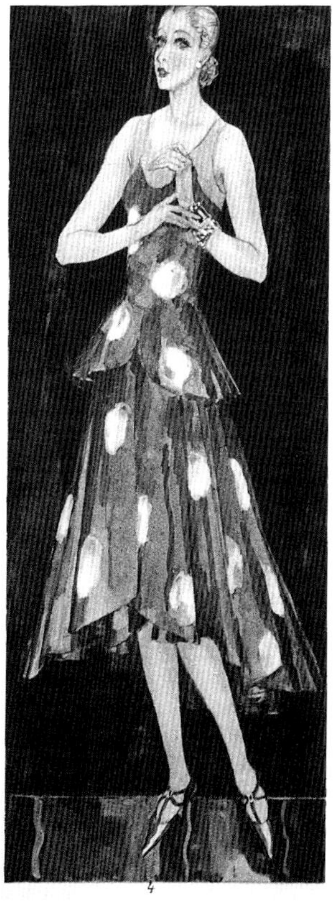

Illustrationen aus dem »Modenspiegel«, Heft 3, 1929.
Als Vorlage dienten zwei aquarellierte Tuschfederzeichnungen, die vermutlich zerstört wurden.

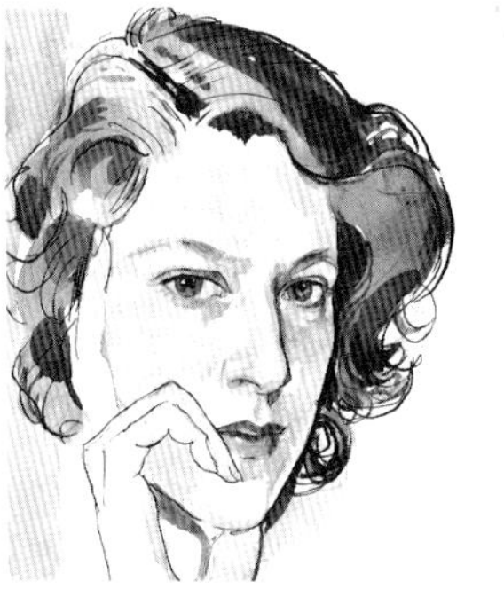

Lieselotte Friedlaender, Selbstportrait, um 1927. Feder, aquarelliert, Berlin Museum

Marie Latz, Alfred-Marie, Johanna Marbach, M. Gerstel, Gerson, V. Manheimer u. a. unerschwinglich gewesen sein. Sie selbst trug diese Kleider, war sie doch in diese Gesellschaft hineingeboren und kannte ihre Neigungen und Marotten. Ihre Zeichnungen stellen die Damen dieser Gesellschaft dar, schmal und elegant. Sie zeigen den mondänen Tagesablauf. Häufig sind sie ironisch, selten satirisch oder gesellschaftskritisch. Erst in späteren Aquarellzeichnungen tritt eine Versachlichung ein, steht die rein modische Aussage im Vordergrund.

Ihren Illustrationen lag ein ständiges Natur- und Aktstudium zugrunde. Für den »Modenspiegel« wurden in den Berliner Salons eigene Modenschauen arrangiert, auf denen sie die Mannequins zeichnete. Um modisch immer gut informiert zu sein, schickte der Verlag seine Modezeichnerin regelmäßig nach Paris – alles blendend organisiert: Train bleu Berlin – Paris, Modenschauen, erstklassige Hotels, Restaurant- und Theaterbesuche.

Bereits vor 1930 begann der Siegeszug der Fotografie: Waren vorher einige Fotos in die zeichnerische Gesamtseite integriert worden, die die »Erdenschwere« der damaligen Modefotos gegenüber den eleganten und phantasievollen Zeichnungen zeigten, so wurden die Zeichnungen jetzt häufig zu Randvignetten der Fotos und die großen Zeichnungsseiten selten.

Das Ende ihrer Tätigkeit für den »Modenspiegel« und für diesen selbst kam jedoch von einer ganz anderen Seite. Der Verlag des »Berliner Tageblatts« mußte nach kaufmännischen Fehlentscheidungen der Erben des Verlagsgründers im Herbst 1932 Konkurs anmelden. Zunächst zum Schutz der Gläubiger in eine Stiftung umgewandelt, wurde der Verlag bald darauf von dem der NSDAP nahestehenden Geschäftsmann Max Winkler aufgekauft. Das »Berliner Tageblatt«, Mitte März 1933 kurzfristig verboten, wurde von den Nazis »gleichgeschaltet«. Um von seinem Weltruf für die Reputation des neuen Regimes zu profitieren, wurde das Blatt noch einige Jahre erhalten. Nicht wenige Mitarbeiter hatten die Redaktion Anfang 1933 verlassen bzw. verlassen müssen.

Der »Modenspiegel« endete 1933, die letzte Ausgabe erschien am 25. April 1933[3]. Ab Mai erschien statt dessen der »Frauenspiegel« – er brachte wenig und nur hausbackene Mode, die Seiten füllten »Haus«-Frauenthemen, Reisen, Erziehung, Religion. Lieselotte Friedlaender durfte die Redaktionsräume nicht mehr betreten. Ihre dort aufbewahrten Originalzeichnungen sind verlorengegangen. Als »Vierteljüdin« erhielt sie 1933 Arbeitsverbot.

Dieses Verbot veränderte ihren weiteren Lebens- und Berufsweg entscheidend. In der Folgezeit arbeitete sie unter fremden Namen, immer in der Angst vor Entdeckung. Anfangs benutzte sie den Namen ihres Lebensgefährten, dessen Zeichenstil sie sich anpaßte; später den Mädchennamen ihrer Mutter. Von früheren Bekannten erhielt sie kleine Aufträge. In Dänemark und Paris entwarf sie Bühnenkostüme. 1943 zog sie mit ihrer Adoptivtochter aufs Land, die folgenden Jahre und das Kriegsende verbrachte sie in Kirchdorf im Großen Moor, westlich von Nienburg zwischen Uchte und Sulingen gelegen. Sie zeichnete keine Mode, keinen schönen Schein mehr, sondern Landschaftsaquarelle und Portraits, letztere als Lebensgrundlage gegen Bezahlung.

Durch Krankheit verzögerte sich ihre Rückkehr nach Berlin bis 1949. Der Wiedereinstieg ins Berufsleben mißlang – die jahrelange erzwungene Untätigkeit, durch den Krieg vernichtete Beziehungen und vor allem die jetzt dominierende Fotografie ließen nur kurzfristige Arbeitsverhältnisse und kleine Aufträge zustande kommen. Sie versuchte es überall: mit Modezeichnungen für »Berlins Modenblatt«, Plakatentwürfen, allgemeiner Gebrauchsgraphik, einer Lehrtätigkeit für Modezeichnen. Es blieb bei kleinen Aufträgen; ihre Modezeichnungen aus den 20er

Anm. 3) Angabe nach den Beständen in der Lipperheideschen Kostümbibliothek (Teil der Kunstbibliothek Staatliche Museen Preußischer Kulturbesitz, Berlin).

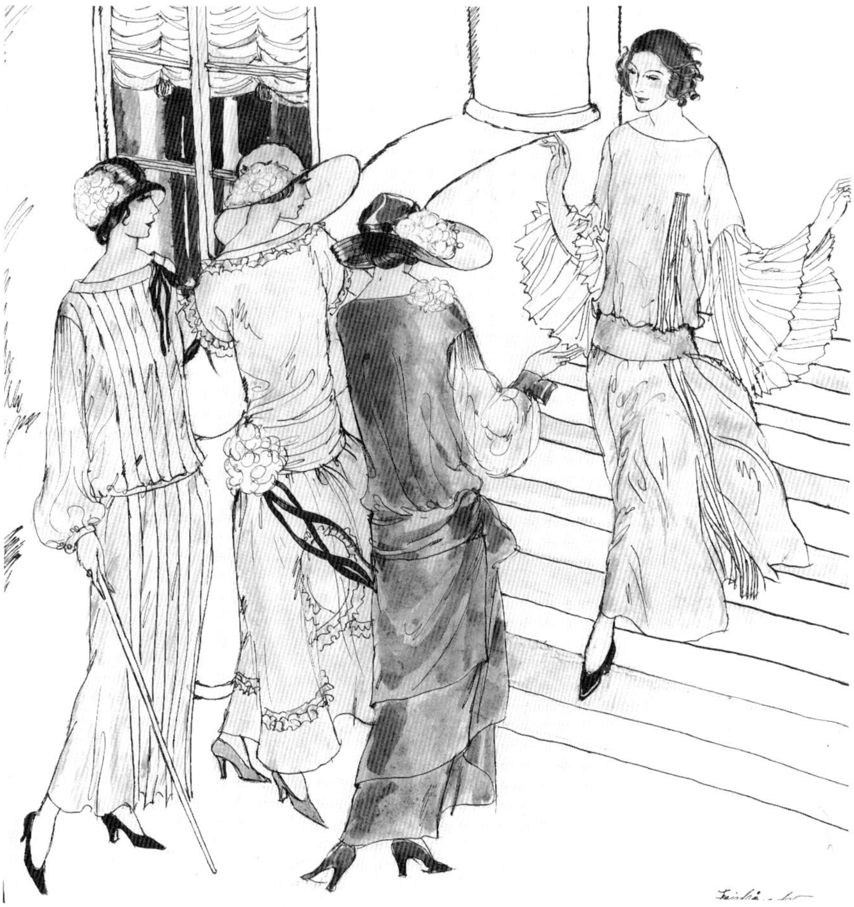

Lieselotte Friedlaender,
Das Parmaveilchen als
Hut- und Kleiderschmuck, 1923.
Tuschfeder, laviert,
Berlin Museum
Das Blatt diente als Vorlage für die Titelseite des Modenspiegel 1923, Heft 14

Jahren waren vergessen. Erst nach ihrem Tod 1973 begann man sich ihres Werks wieder zu erinnern; im Rahmen der Ausstellung »Tendenzen der Zwanziger Jahre« 1977, besonders aber in der Ausstellung »Metropolen machen Mode« wurden Zeichnungen von ihr ausgestellt. 1988 fand dann ihre erste Einzelausstellung im Haus am Lützowplatz statt.

1989 erwarb das Berlin Museum von Lieselotte Friedlaenders Tochter, Prof. Ciliane Dahlen-Friedlaender, den größten Teil des zeichnerischen Nachlasses. In dieser Ausstellung soll versucht werden, ihrer Bedeutung für die Mode der 20er Jahre in Berlin gerecht zu werden.


Literatur:
Die biographischen Angaben zu Lieselotte Friedlaender beruhen im wesentlichen auf Angaben ihrer Tochter, Prof. Ciliane Dahlen-Friedlaender.

Zum Berliner Tageblatt/ Modenspiegel:
Richard Hamburger, Zeitungsverlag und Annoncenexpedition Rudolf Mosse, Berlin, Berlin 1928 (Musterbetriebe deutscher Wirtschaft, Bd. 3)
Peter de Mendelssohn, Zeitungsstadt Berlin, Berlin $^{2}$1982
Walther G. Oschilewski, Zeitungen in Berlin, Berlin 1975
Bernd Sösemann, Das Ende der Weimarer Republik in der Kritik demokratischer Publizisten, Berlin 1976

Christa Gustavus

# ». . diese Göttinnen aus Aluminium . . « Zur »Modenplastik« Rudolf Bellings von 1921

»Göttinnen aus Aluminium« – so nannte Walther Kiaulehn Modefigurinen, mit denen in den 20er Jahren die Schaufenster der teuren Modegeschäfte im Zentrum Berlins dekoriert waren.[1] Den Torso einer solchen »Modenplastik« konnte das Berlin Museum 1989 aus dem Kunsthandel erwerben. In den 20er Jahren ein vielfach hergestellter Gegenstand, ist die Modenplastik durch Zeitumstände und vergängliches Material heute zu einer Rarität geworden. Trotz des desolaten Zustands – der Pappmaché-Figurine fehlen die abnehmbaren Armteile, die goldfarbene Oberfläche ist vollständig abgeschabt – besitzt das Museum damit ein für die Berliner Kulturgeschichte der Zeit wichtiges Exponat.

Um den angewachsenen Bestand an Berliner Mode der 20er Jahre möglichst zeitentsprechend zu präsentieren, hat sich das Berlin Museum entschlossen, in Zusammenarbeit mit der Schweizer Firma Schläppi AG seinen Originaltorso zum Vorbild für eine neue Generation von Belling-Modeplastiken aus Polyester werden zu lassen. Die Schläppi AG verfügt über eine reiche Erfahrung in der Herstellung künstlerisch gestalteter Dekorationsfigurinen und war damit der geeignete Partner für die Nacharbeitung der Belling-Figurine.

Genau vor 70 Jahren, im Dezember 1921, wurde im Berliner Esplanade-Hotel eine neue, völlig vom Althergebrachten abweichende Modefigurine der Öffentlichkeit präsentiert; gestaltet von dem Berliner Bildhauer Rudolf Belling und produziert von der Erdmannsdorfer Büstenfabrikate GmbH in Berlin C 19, Seydelstraße 8/9. Ein Bericht darüber in der Monatsschrift »Feuer« lobt »... die Tendenz ... weg von den naturalistischen Wachsgesichtern ...« hin zu »... Kleiderständern, über die nicht nur Kostüme gezogen werden können, sondern die Möglichkeiten zu irgendwelchen anderen Stoffdrapierungen bieten.« Angeboten wurden zwei Typen in »cachierter Technik ... in schönem goldenen Messington«. Die Kopflösung bezeichnet der Berichterstatter als noch unbefriedigend, ihn beeindrucken aber die »ausgesprochene Eleganz und der hohe sinnliche Reiz ... angemessen der Aufgabe, der sie zu dienen haben«.[2] Auch die Betrachtung Paul Westheims im »Kunstblatt« ist sehr positiv: »Diese Stilisierungen sind plastische Gebilde, die Linie, Geste, Haltung (ein wenig auch die erotische Haltung) eines heutigen Frauentyps in geformte Masse umsetzen ... daß hier das Gegenteil von einer nur kunstgewerblichen Geschmacksverbesserung geschehen, daß eine Zweckaufgabe eigen, geistreich und mit einem leider recht ungewöhnlichen künstlerischen Takt gelöst ist.«[3]

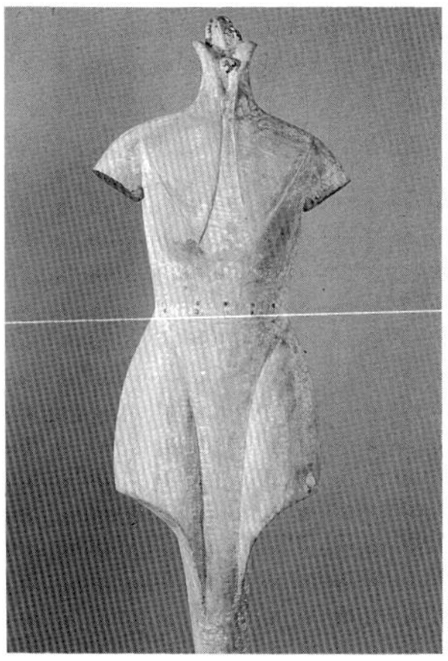

Torso der originalen Belling-Modenplastik, Berlin Museum

Es wurden zwei ungefähr lebensgroße Figurinen präsentiert, hergestellt aus besonders imprägniertem Pappmaché und mit Goldbronze überzogen. Sie werden im folgenden als »Stehende« und »Sitzende« bezeichnet, obwohl diese Bezeichnungen nicht ganz treffend sind. »Schwingende« oder »Drehende« wären sicherlich passendere Namen. Die Stehende ist zweifellos konventioneller und läßt die Schneiderbüste noch erkennen, doch hat ihre Stilisierung etwas an archaische Plastiken Erinnerndes. Der Rumpf schwingt zu einem glatten Ständer ein, der aus einer von einem Tetraeder getragenen Kugel aufsteigt. Der Kopf fehlt, der Hals schließt mit einem blattartigen Ornament. Es gibt Fotografien, die eine aus Spiralen gedrehte Kopfform zeigen. Die Schultern enden mit dem Armansatz – hier liegt die einzige Veränderungsmöglichkeit der Figur im Ansetzen von geschwungenen Armbügeln oder kurzen Armstümpfen. Die Sitzende hat mit der

1) Walther Kiaulehn, Berlin. Schicksal einer Weltstadt, München/Berlin 1958, S. 36.

2) Feuer, Monatsschrift für Kunst und künstlerische Kultur, 3 (1922), H. 10/12, S. 59/60.

3) Paul Westheim, Kunstblatt 6 (1922), S. 40/42.

Stehenden wenig gemein – außer Sockel- und Armgestaltung. Ein in sich gewundener schlanker Körper steigt über dem Sockel in kühner räumlicher Drehung auf und endet in einem schalenartigen Kopfteil, das durch an Locken erinnernde Spiralornamente eine preziöse modische Wirkung erhält. Die schwingende Bewegung scheint den damals modernen »Schönheitstänzen« entlehnt zu sein.

Für die Modeplastik gab die Herstellerfirma um 1924 ein kleines, künstlerisch gestaltetes Werbebuch heraus, verfaßt von Gerta E. Thiele und versehen mit einem Geleitwort von P. Jessen, dem Leiter der Bibliothek des ehemaligen Kunstgewerbemuseums in Berlin, der nachmaligen Kunstbibliothek. Neben dem Liefer-

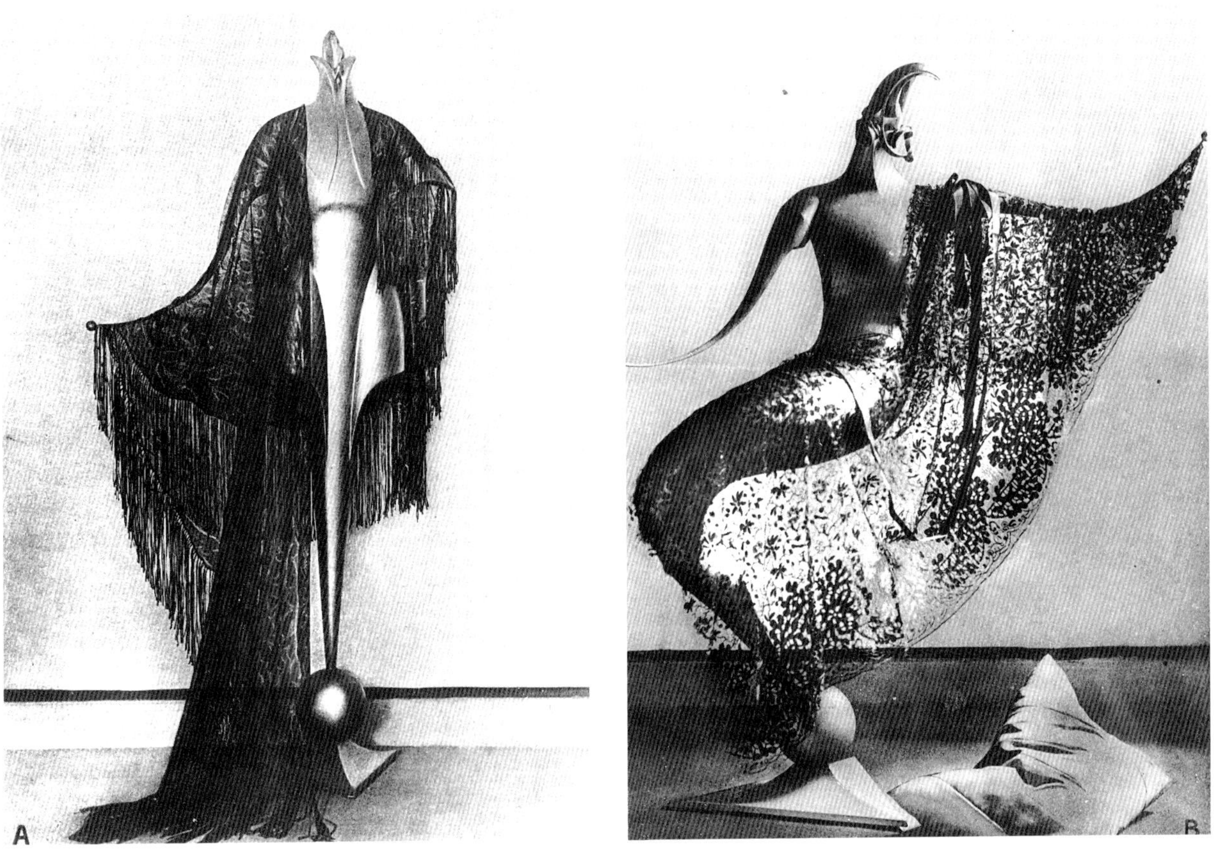


programm und den Lieferbedingungen werden Wissenswertes über die Plastik, aber auch kleine Betrachtungen aus der Presse und Angaben über den Kundenkreis veröffentlicht. Belling besaß für die Figuren das DRP Nr. 359479; in anderen Staaten war das Patent entweder erteilt oder angemeldet. Die Vorzüge der Figuren werden aufgezählt: infolge des Materials fast unzerbrechlich, geringes Gewicht, tropentauglich; in der Handhabung praktisch infolge der abnehmbaren Armbügel. Das Lieferprogramm bestand aus der Stehenden, wahlweise mit Armbügeln oder Armstümpfen; der Sitzenden mit Armbügeln; einem der Stehenden nachgebildeten Torso bis zur Taille, der mit einem Hüftkranz verlängert werden konnte, ebenfalls mit Armbügeln oder Armstümpfen; außerdem einem formal anders gestalteten Hutständer in vier verschiedenen Höhen, sicher nicht von Belling. Alle Teile waren goldbronziert, für Reparaturen lieferte die Firma Goldbronze nach. Gegen einen Aufpreis von 10 Prozent wurden die Figurinen auch

Stehende und »sitzende« Modenplastik.
Repro aus: G. E. Thiele, Die Modenplastik, Berlin 1924, Kunstbibliothek SMPK, Berlin, Foto: Paulmann-Jungeblut

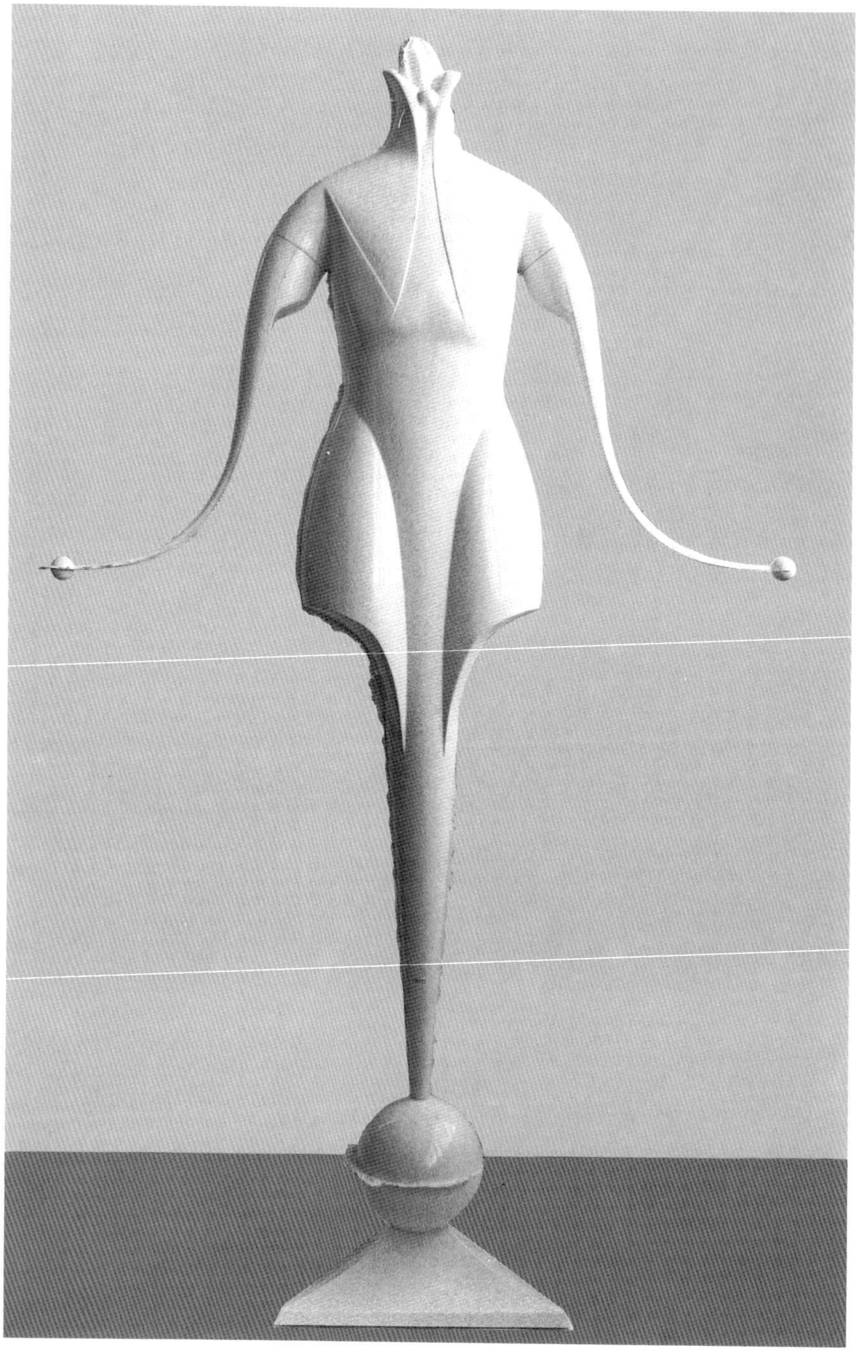

Erste Abformung des sich im Besitz des Berlin Museums befindlichen Originaltorsos im Rohzustand mit rekonstruierten Armen.
Foto: Schläppi AG, Schweiz

mit Blattgold belegt geliefert. Die Hutständer wurden in verschiedenen Lackierungen hergestellt. Die Preisspalte blieb im in der Kunstbibliothek vorhandenen Exemplar leider leer.

Das Buch diente natürlich in erster Linie der Werbung, und so wurden auch alle bedeutenden Berliner Abnehmer genannt, ihre Schaufenster abgebildet – z. B. das KaDeWe, Hermann Gerson, die bekannten Stoffgeschäfte wie Gustav Cords oder das Seidenhaus Michels. Dazu wurden Anregungen zur Verwendung der Modenplastik bei Stoffdrapierungen und allgemeinen Dekorationen gegeben. In einem kleinen Artikel betonte Paul Westheim (Herausgeber des »Kunstblatts«)

den künstlerischen Wert der Figuren, ihre »abstrakte Schönheit kulanter Sachlichkeit«, sie entsprächen in ihrer »elementaren Linienführung der Sensibilität ..., die lebendig ist in der Kunst und in der Mode heutiger Zeit.«

Bringt man den Positivismus der Werbung in Abzug, ist in allen Veröffentlichungen zur Modenplastik doch Anerkennung und Begeisterung über diese grundsätzlich neue Auffassung des »Kleiderstocks« deutlich. Ihre Bewertung im Kunstschaffen der Zeit erhielt sie durch Ludwig Justi, den Direktor der Nationalgalerie. Er stellte die Modenplastik im Rahmen einer Ausstellung »Rudolf Belling – Skulpturen und Architekturen« in der Neuen Abteilung der Nationalgalerie im Kronprinzenpalais im März und April 1924 aus. Im Mittelpunkt standen natürlich die abstrakten Plastiken wie der »Dreiklang« (im gleichen Jahr von der Nationalgalerie angekauft), die Modenplastik war aber gleichzeitig in das künstlerische Schaffen einbezogen. Die Kunstzeitschrift »Cicerone« war begeistert: »... eine allerletzte Verkörperung damenhafter Nonchalance«, die »Zeitschrift für bildende Kunst« kritischer: »... selbst die so starke Bewegungskraft erlahmt in einzelnen dieser Werke (Modenplastik 1921)«.[4]

Der Schöpfer der Modenplastik, der Bildhauer Rudolf Belling (1886 Berlin – 1972 Krailling b. München) war also zum Zeitpunkt ihrer Entstehung kein Unbekannter im Berliner Kunstleben. Seit 1914 beteiligte er sich an Ausstellungen, 1918 fand seine erste Einzelausstellung in der Galerie Gurlitt in Berlin statt. 1919 entstand sein erstes Meisterwerk, »Der Dreiklang«, 1923 die konstruktivistische »Skulptur 23« – die Werke, mit denen Bellings Name heute zumeist identifiziert wird.

Daneben entstanden eine ganze Reihe von Werken des Kunstgewerbes und der angewandten Kunst, z.T. in Zusammenarbeit mit bekannten Architekten. Belling selbst beschrieb 1918 sein Verhältnis zu dekorativen Arbeiten: »Bringt den Künstlern bei, daß Kunstgewerbe Kunst ist und vom Handwerk ausgeht. Verwischt so den Unterschied zwischen Kunst und Kunstgewerbe, der heute so mißverstanden wird ...«[5] Die Modenplastik hatte mehrere Nachfolgerinnen; Belling schuf für die Erdmannsdorfer Büstenfabrikate GmbH, die Firmen Paul Baschwitz und Schaufensterkunst in Berlin bis 1934 verschiedene Figurinen und Dekorationsständer, die er sich alle patentieren ließ.[6] Auch für andere Künstler und Firmen war der Erfolg der Modenplastik Anregung für eigene Schöpfungen.

Spätestens 1930 hatte sich die Mode von der Modenplastik abgewandt. Der »Garçonne« folgte die elegante sportliche Dame; die stilisierte Modenplastik und ihre goldenen und silbernen Töchter wurden durch naturalistische Figuren, z.T. sogar mit Echthaarperücken, ersetzt. Darunter gab es sehr reizvolle Lösungen, z.B. die Modedamen Paul Scheurichs für die Firma Edmund Boehm in Berlin, aber insgesamt war es eine Rückkehr zur althergebrachten »süßlächelnden Wachsfigurine« – so G.E. Thiele 1926.[7] Franz Hessel sinnierte 1929 in seinem Buch »Spazieren in Berlin«: »Aber es gibt im Büstenhof ... auch rätselhafte Gestelle, unten eine Goldkugel, darauf eine Art Frauentorso, der in einem stilisierten Arm und einem abgeschnittenen Armstumpf endet. Das alles wird seine praktische Bewandtnis haben, aber ich starre unwissend in diese Fülle von Wesen und Wesensteile ...«.[8]

Zum Abschluß noch einige Daten zu Belling und der Erdmannsdorfer Büstenfabrik: Belling wurde, obwohl er um 1930 zu einem wesentlich naturalistischeren Stil gefunden hatte, nach 1933 als »entarteter« Künstler verfolgt und mußte emigrieren. Er fand eine neue Wirkungsstätte in Istanbul, wo er an der Kunstakademie eine Professur für Bildhauerei übernahm. Erst 1966 kehrte er – nach mehreren Besuchen – endgültig nach Deutschland zurück und ließ sich in Krailling bei München nieder, wo er 1972 starb. Bis zu seinem Tod war er als Bildhauer tätig,

4) Cicerone, Halbmonatsschrift für Künstler, Kunstfreunde und Sammler, 6 (1924), S. 373 ff.; ZS f. bild. Kunst 58 (1924), H. 1/2, S. 9 ff.

5) zit. in: Berlin – Paris 1900–1933, Übereinstimmungen u. Gegensätze Frankreich – Deutschland, München 1979, S. 302.

6) Harold Hammer-Schenk: Das patentierte Kunstwerk (vgl. Literaturliste), S. 301–305.

7) Aufsatz in: Die Form, H. 7 (1926), S. 9 f.

8) Franz Hessel: Spazieren in Berlin, München 1968 (zuerst 1929), S. 30.

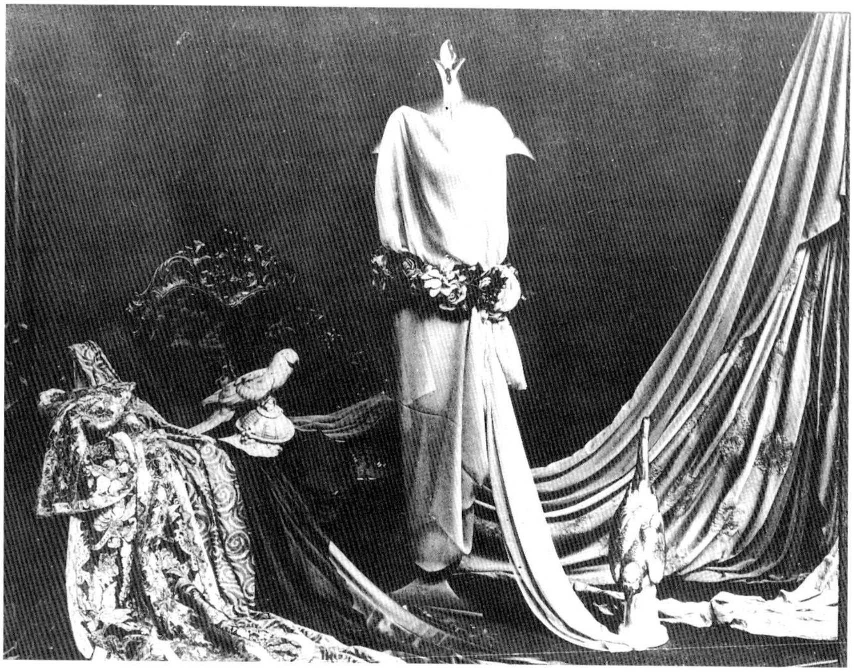

Ein Schaufenster des KaDeWe, um 1924, dekoriert mit der Modenplastik.
Repro aus: G. E. Thiele, Die Modenplastik, Berlin 1924, Kunstbibliothek SMPK, Berlin, Foto: Paulmann-Jungeblut

nun wieder in abstrakt-symbolischen Formen. 1967 fand eine große Einzelausstellung seiner Werke in der Galerie Ketterer in München statt.

Die Erdmannsdorfer Büstenfabrik hob sich bis zum Erscheinen der Modenplastik nicht von der übrigen Branche ab. Nach zwei Vorgängerfirmen existierte seit 1914 die Erdmannsdorfer Büstenfabrikate Adolf Samson GmbH, die 1921 ihren Namen in Erdmannsdorfer Büstenfabrikate GmbH verkürzte. 1924 wurde sie in eine Aktiengesellschaft umgewandelt, was aber bereits 1926 rückgängig gemacht wurde. Die Adresse wechselte, man blieb zwar in der Seydelstraße, zog aber 1927 in die Nr. 11/12, 1928 in die Nr. 8/10 um. Ob die Firma nach 1930 noch existierte, ist unklar. Von 1930–1936 gab es eine Erdmannsdorfer Werkstätten GmbH, Büstenfabrik; 1929 wurde eine Erdmannsdorfer Fabrik für Holz- und Dekorationsgerät gegründet, die ab 1941 Erdmannsdorfer Tischlerei und Büstenfabrik hieß. Diese zog 1948 nach Niedersachsen um, wo sie 1961 wegen Mittellosigkeit aus dem Handelsregister gelöscht wurde.


Literatur zu Rudolf Belling:

Winfried Nerdinger, Rudolf Belling und die Kunstströmungen in Berlin 1918–1923, Berlin 1981 (mit Literatur- und Werkverzeichnis)

Harold Hammer-Schenk, Das patentierte Kunstwerk. Rudolf Bellings Moden-Plastiken. In: Ikonographia. Festschrift für Donat de Chapeaurouge, München 1990

Literatur zur Modenplastik:

Elisabeth v. Stephani-Hahn, Schaufensterkunst, Berlin $^{3}$1926

Gerta Elisabeth Thiele, Die Modenplastik, Berlin o. J. (1924)

Kataloge:

Die elegante Berlinerin. Graphik und modisches Beiwerk aus zwei Jahrhunderten, Kunstbibliothek SMPK, Berlin 1962

Metropolen machen Mode. Haute Couture der Zwanziger Jahre, [Kunstgewerbemuseum SMPK], Berlin 1977

Barbara de Groot

# *Restaurierungsprobleme mit Seide, Tand und Flitter*

Bei der Betrachtung des in der Ausstellung gezeigten Reigens ausgewählter Repräsentanten der Mode des zweiten Jahrzehnts unseres Jahrhunderts wird eine Fülle von Erscheinungsformen in Silhouette und Genre deutlich; zum einen ein ständiger Wechsel der Körperlinienbetonung durch veränderte Saumlänge, Taillenhöhe, Rock- bzw. Oberweite und der Form des Ausschnittes, zum andern reizvolle und gewagte Materialkombinationen in Samt, Seide, Tüll und Lamé, herausgeputzt mit Federn, Passementerie, Blumen, Spitzen, Schärpen und reichen Stickereien von Perlen, Straß, Flitter, Metallgespinsten und farbigen Seidengarnen. Schmückend und kurzlebig folgten sie einer modischen Illusion.

Anders dagegen Herstellungstechniken von Gesellschaftskleidern vergangener Epochen, die nicht nur dem modischen Aspekt folgten. Sie wurden anscheinend auch für die »Ewigkeit« gefertigt. Der Goldsticker des Barock gab z. B. dem Stickgrund für schwere Stickereien mit Goldgespinsten, Perlen und Steinen eine Unterfütterung, so daß die Last der Stickmaterialien verteilt und gestützt wurde. Weiterhin trugen eingearbeitete Mieder und Rockfütterung zur Stabilität bei. Legte die Trägerin das kostbare Gewand für immer ab, wurden die wertvollen Stickereien oftmals applizierend neu verwendet und erhaltene kostbare Gewebeteile in altem Zuschnitt zu neuem Gebrauch zusammengefügt. Für den heutigen Restaurator eine ablesbare Veränderung, die entsprechend der Bedeutung des Originals zur Rekonstruktion führen kann.

Aus der Vielfalt der während der Vorbereitung unserer Ausstellung auftretenden restauratorischen Probleme – Verschmutzung, mechanische, chemische, physikalische und biologische Materialzerstörung – erscheinen »Veränderungen« und »belastende Materialkombinationen« besonders erwähnenswert. Tand- und Flitterkleider der 20er Jahre (Garçonnemode, Gesellschafts-, Stil- und Abendkleid) bestehen oft aus leichten Seidengeweben wie Crêpe de Chine, Crêpe Romain, Crêpe Georgette, Voile, Chiffon, Organza oder aus Tüll. Die Last der Stickereiperlen oder Pailletten betrug häufig das Sieben- bis Zehnfache des Eigengewichtes der feinen Seiden- oder Tüllgründe. Die senkrecht wirkende, punktuelle Belastung einzelner Schmuckelemente führte an den Einstichstellen mehrfach zu Lochbildungen (Abb. 1), die Gesamtlast aber ruhte auf den oft sehr schmalen Trägern und ihren Nähten, so daß es zu einer »Zerreißprobe« kam, die oft nicht bestanden wurde. Die Materialien – geschliffene Muranoperlen aus Venedig oder böhmische Schmelzperlen vorwiegend aus Gablonz – kamen über Großhandelsunternehmen nach Deutschland; einer der letzten Vertreter dieser Branche, Herbert Sorg von der seit 128 Jahren bestehenden Fa. Grube in Berlin, handelt noch heute mit ca. 100 000 verschiedenen Schmuckartikeln. Jedoch bestehen von den ehemals 110 Stickereifirmen, die bis zu 100 Mitarbeiter beschäftigten, nur noch elf im Westen Berlins.

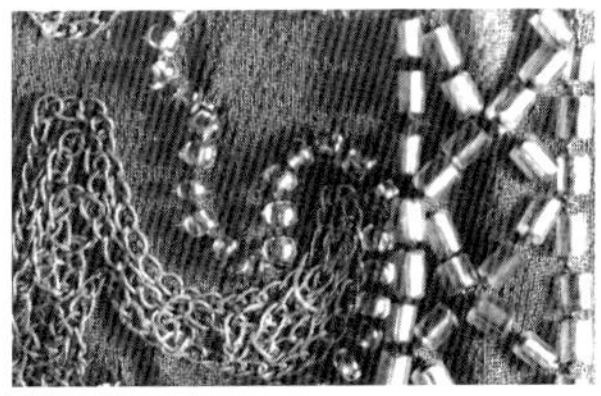

Abb. 1: Stickereidetail mit linksseitig tambourierten Schmelzperlen und rechtsseitigem Kettzierstich. Punktuelle Senkrechtbelastung an den Einstichstellen führt zu Lochbildung. Foto: Barbara de Groot

Die Zerbrechlichkeit der Glaswaren erhöht sich besonders, wenn sie als Stickornament ein kleines Gesellschaftskleid (Abb. 2) in Form geblasener Schaumperlen zieren. Diese zarten, dünnwandigen Gebilde lösten einst die Wachsperle ab. Sie waren aus Stangenglas geblasen, danach gesprengt und abschließend mit einem Perlglanz aus den Schuppen des Ukeleifisches – sogenanntes Fischsilber – versehen. Bei diesem Stickereikleid war ein Teil der Perlen zerbrochen, und die scharfen Kanten der Splitter schnitten den sie haltenden Stickfaden durch, der daraufhin – als Kett- oder Häkelstich – sich auftrennte, so daß sich weitere Perlen lösten; gleichzeitig wurde der Seidencrêpe beschädigt. Um eine fortschreitende

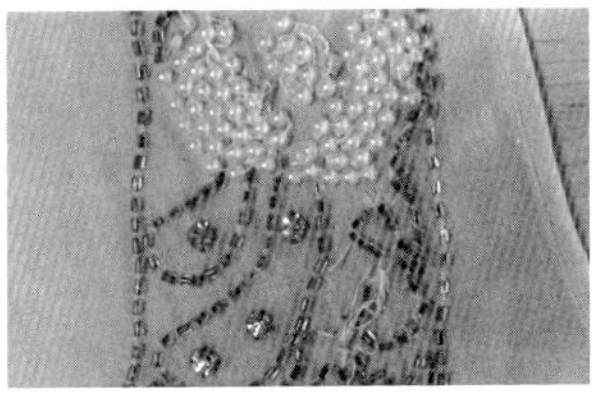

Abb. 2: Lose Stickereipartien auf Grund zerbrochener Schaumperlen mit offensichtlichem Auftrennen aufgehäkelter Rocailleperlreihen. Foto: Barbara de Groot

Zerstörung zu verhindern, mußten alle Perlen stabilisiert, lose Teile befestigt, Gewebeschnitte hinterlegt und einzelne Splitter entfernt werden. Innerhalb der Ornamentik befanden sich kleine Straßsteine (eine Erfindung des Herrn Strasser aus Wien), Imitationen von Brillanten aus geschliffenem Bleiglas, die mit einer Metallfassung in das Gewebe gestanzt waren, aus dem sie sich durch Eigenlast oder Korrosion herausrissen. Sie mußten zwischen Seidengaze eingebettet werden, da die Metallfassung sich nicht ohne weitere Beschädigung des Gewebes öffnen ließ. Lange Ketten von Stift- und Rocailleperlen wurden in falscher Ornamentlinienführung am Stickgrund mit einem zerstörenden, zusammenziehenden Stich befestigt, eine falsche Restaurierung, die rückgängig gemacht wurde, während gleichzeitig das Ornament spiegelbildlich neu gelegt wurde.

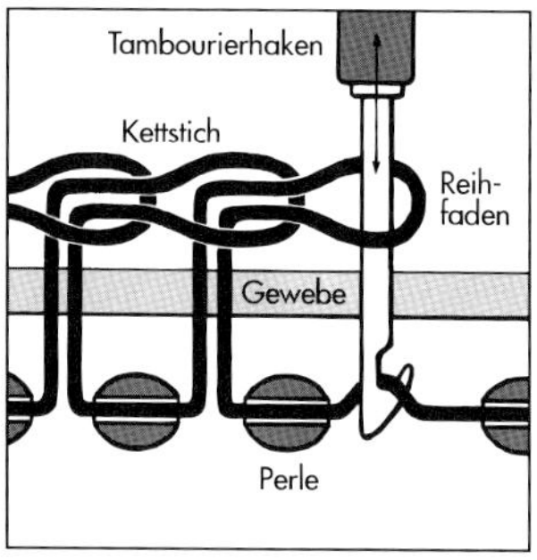


Abb. 3: Perlstickerei mit dem Tambourierhaken. Das Gewebe ist seitenverkehrt eingespannt und das von Hand geführte Tambourierhäkchen sticht von oben durch den Stickgrund. Der Reihfaden wird mit einer Schlinge zwischen den einzelnen Perlen als Kettstich hochgeholt. Es entsteht so linksseitig ein fortlaufender Kettstich, während auf der Schauseite die Perlschnur mustergetreu befestigt ist. Vorlage: Barbara de Groot

Bei den Pailletten zeigt sich die Grenze von Restaurierungsmaßnahmen. Pailletten der 20er Jahre sind ein plastisch verformbarer Schmuck aus synthetisch-organischen Stoffen, vornehmlich aus Gelatine bestehend. Ein zeitgenössischer Bericht belegt dies anschaulich, denn die Herren trugen beim Tanzen vor allem deshalb Handschuhe, um mit ihren schweißnassen, erhitzten Handflächen die Pailletten auf der Rückenpartie ihrer Partnerin nicht zum Schmelzen zu bringen. Ein Beispiel dieser Art müßte als irreversibles zeitdokumentarisches Moment respektiert werden. Zeugnisse plastischer Verformungen finden sich unter den Exponaten unserer Ausstellung.

Nach der zweiten Londoner Weltausstellung 1862 begann die Serienherstellung von Kunststoffschmuck. Erst durch die Formensprache des Art Deco ermutigt, nahm die Stickereiindustrie die Anregung in ihre Kollektion auf: Jettperlen aus Bakelit, Flitter aus Ebonit und Celluloid, Schmuckformen aus Parkesine und Galalith – eine Bereicherung für die Stickereihandwerksbetriebe, die ihre ornamentalen Formen größtenteils selbst entwarfen. Flächenfüllende Stickereien konnten im Kettstich mit der Handkurbelmaschine oder im Zier- und Plattstich auf der Schiffchenstickmaschine (Fa. Adler, Singer, Pfaff) hergestellt werden. Es soll um 1910 eine Maschine der Firma Lutz und Eckhardt, Berlin, gegeben haben, die Perl- und Flitterstickerei maschinell fertigen konnte. Nach Aussagen des Berliner Stickereiunternehmers Woermann war jedoch das mechanische Aufbringen von Perlen ungebräuchlich. Perlen und Pailletten wurden aufgereiht und unter dem aufgespannten Stoff mustergetreu mitgeführt. Von oben, linksseitig, holte das von Hand geführte Tambourierhäkchen, nach der Vorzeichnung häkelnd, Maschen hoch (Abb. 3). Die Stickereien wurden großzügig nach der Fasson am Stück hergestellt und während der Konfektionierung angepaßt. Ersichtlich wurde dies an vielen Stickereikleidern, deren Umbug, Nähte, Abnäher bestickt waren. Beim Restaurieren der zerstörten Schulterpartien eines kleinen Gesellschaftskleides (Kat. Nr. 18) wurde nach Entfernen der groben Flickereien und nach vorsichtigem Glätten des verbliebenen Gewebes ein nahtloser Übergang sichtbar (Abb. 4). Dieses Kleid war in einem Stück bestickt und durch Abnäher während der Konfektionierung der speziellen Größe angepaßt worden.

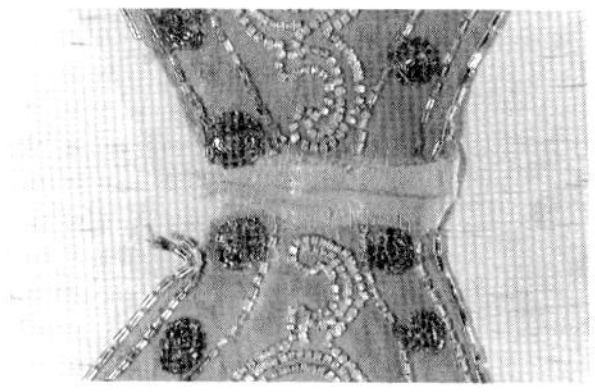

Abb. 4: Nach Hinterlegung der zerstörten Schulterpartie mit Seidengaze wird hier der nahtlose Übergang vom Vorder- zum Rückteil des Kleides sichtbar. Demzufolge wurde die Stickerei vor der Konfektionierung ausgeführt. Foto: Barbara de Groot

Kleider können Geschichten erzählen. Diese nicht zu verfälschen, erfordert behutsames Herantasten, z. B. an Veränderungen; allzu leicht könnte die Fährte historischer Zusammenhänge »zer-restauriert« werden, so daß Originalität und Authentizität verlorengingen. Kleider einer Ausstellung sind keine leeren Hüllen, und der Charme ihrer Ausstrahlung beruht nicht nur auf der modischen Präsenz ihrer Erscheinung. Sie sind einmalige Einzelstücke und Vertreter ihrer Zeit (»Zeitzeugen«) und mit dieser durch ihre ablesbare Geschichte verbunden. So dokumentieren sie gesellschaftliche, ökonomische und soziale Zusammenhänge und sind auch – nicht zuletzt – immer wieder eine Freude für das Auge.

*Katalog*

## *Sommermantel um 1925*

*Kat. Nr. 1*
*Cremeweißer Wollstoff, tuchbindig mit Ripswirkung, cremeweiße Bakelitknöpfe*
*Hut: vergleiche Kat. Nr. 75, S. 108*
*Berlin, Konfektion*
*Länge: 106 cm*
*Inv. Nr.: KGT 92/113*

Gerade gearbeiteter Mantel, der in seiner Strenge ein typisches Beispiel für den »Garconnestil« ist. Die durchgehende Linienführung wird vorn von zwei in Hüfthöhe ansetzenden Teilen aus Kellerfaltenplissee aufgelockert. Darüber sind zwei schmale Pattentaschen eingesetzt. Besonders schick sind die aus den Mantelvorderteilen herausgearbeiteten Revers mit dem hochstellbaren Kragen. Zwei Knopfpaare bilden den Verschluß. Der Rücken des Mantels ist durchgehend gearbeitet, an den geraden Ärmeln befinden sich kleine Aufschläge.

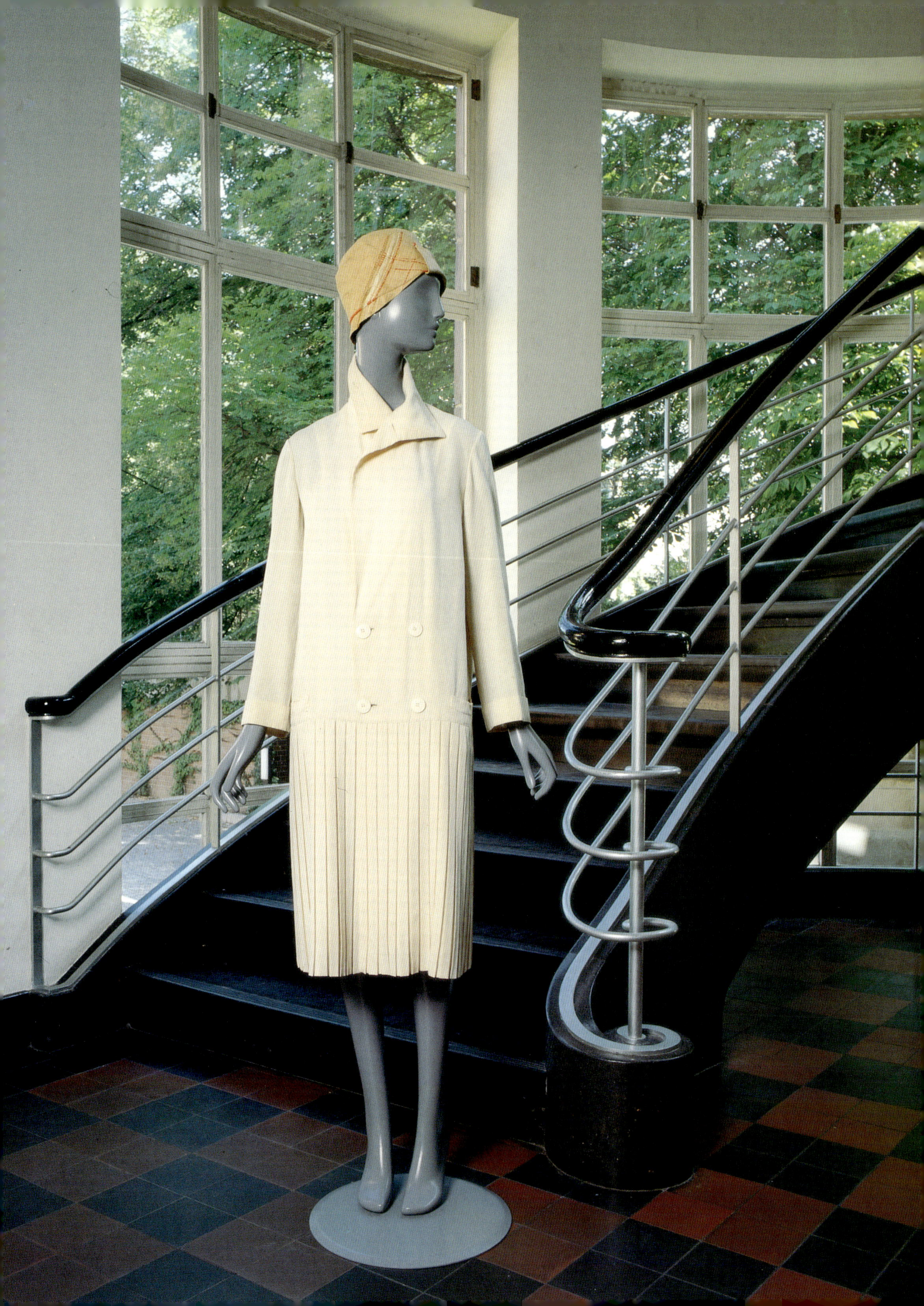

## *Nachmittagskleid um 1925*

*Kat. Nr. 2*
*Seegrüner Crêpe de Chine, Blütenmuster in einem abgepaßten, dunkel-türkisen Bereich. Aufgespritzte Konturen aus Gold- und Silberpaste. Unterkleid ergänzt*
*Vermutlich Berlin*
*Länge: 106 cm*
*Inv. Nr.: KGT 89/155*

Die Faszination dieses Kleides liegt in seinem außergewöhnlichen Stoff, der ein Beispiel für die phantasievolle und technisch höchst vollendete Stoffgestaltung der 20er Jahre gibt. Große, zarte Blüten wurden in einem dunkel-türkisfarbenen Feld mit Schablone aufgebracht. Goldene und silberne Konturlinien sind filigran dazwischengesetzt. Im Oberteil wiederholt sich das Muster. Es wurde erst nach dem Zuschnitt senkrecht auf den Stoff aufgebracht. Der Besitzerin erschien der Ausschnitt offensichtlich nach einiger Zeit zu tief, denn sie hat ihn mit einem Stück des helleren Kleiderstoffes nachträglich verkleinert. Dadurch leidet der elegante Gesamteindruck des Kleides etwas.

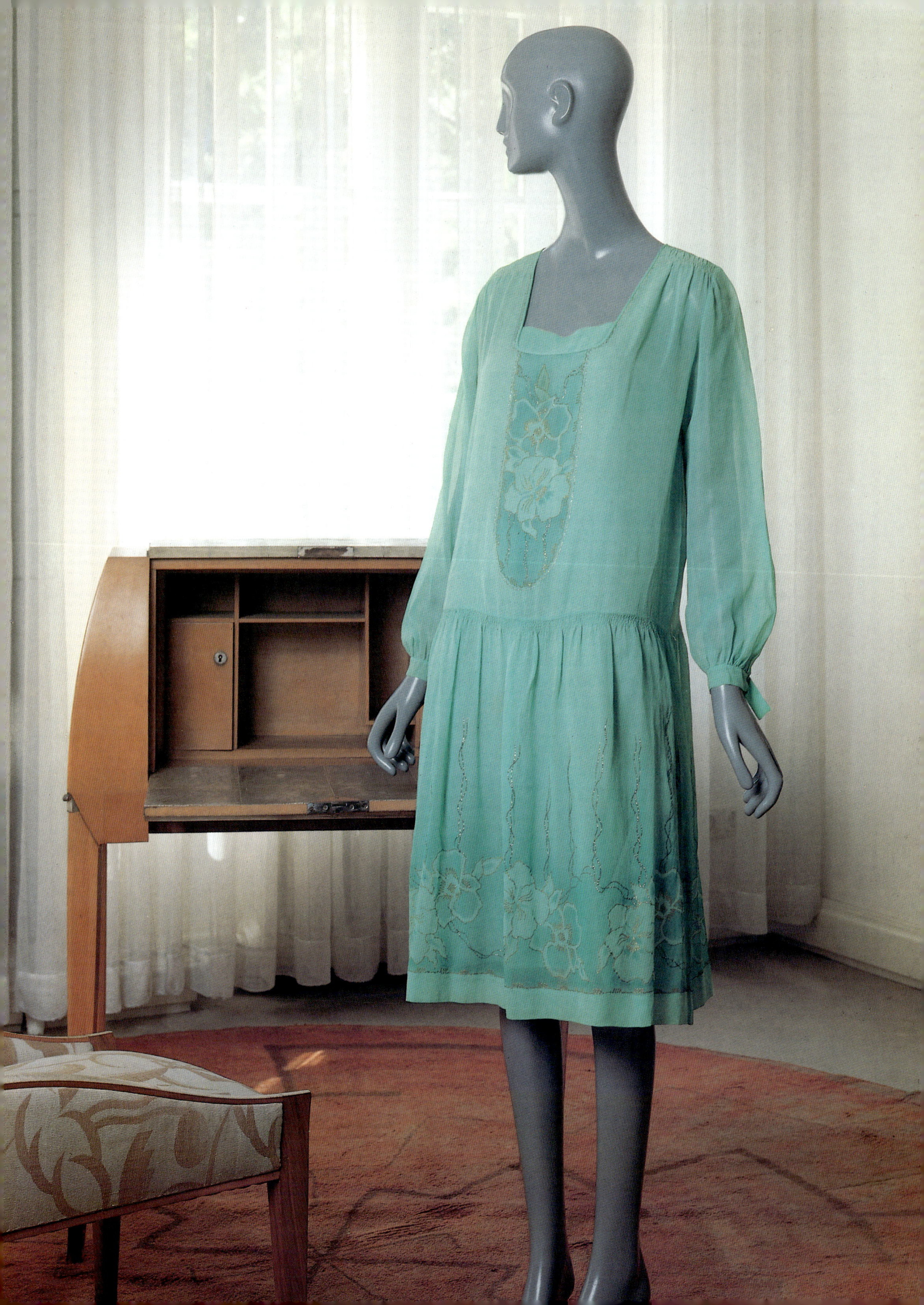

## *Nachmittagskleid um 1924*

*Kat. Nr. 3*
*Schwarze Kunstseide, schwarzer Seidenchiffon, schwarze Futterseide, verschieden große schwarze, facettierte Steine aus Kunststoff, verschieden große schwarze Stabperlen aus Kunststoff*
*Berlin, Konfektion*
*Länge: 107 cm*
*Geschenk Frau Kat Kampmann*
*Inv. Nr.: KGT 85/50*

Das Kleid mit dem kleinen, runden Ausschnitt fällt gerade und locker am Körper herab. Auch der in Hüfthöhe glatt angesetzte Rock ist gerade geschnitten. Es lebt aus dem Kontrast der kräftig, stumpfen Kunstseide mit dem zarten durchsichtigen Chiffon, aus dem die weiten, für die Zeit typischen Ärmel und zwei an der Hüfte angebrachte flatternde Teile gearbeitet sind. Auffälliger Schmuck sind verschieden große runde Kunststeine, die auf dem Rock in großen Blüten aufgestickt sind und in kleinerer Form die Kanten von Ausschnitt, Rockansatz, Ärmeln und seitlichen Bahnen zieren.

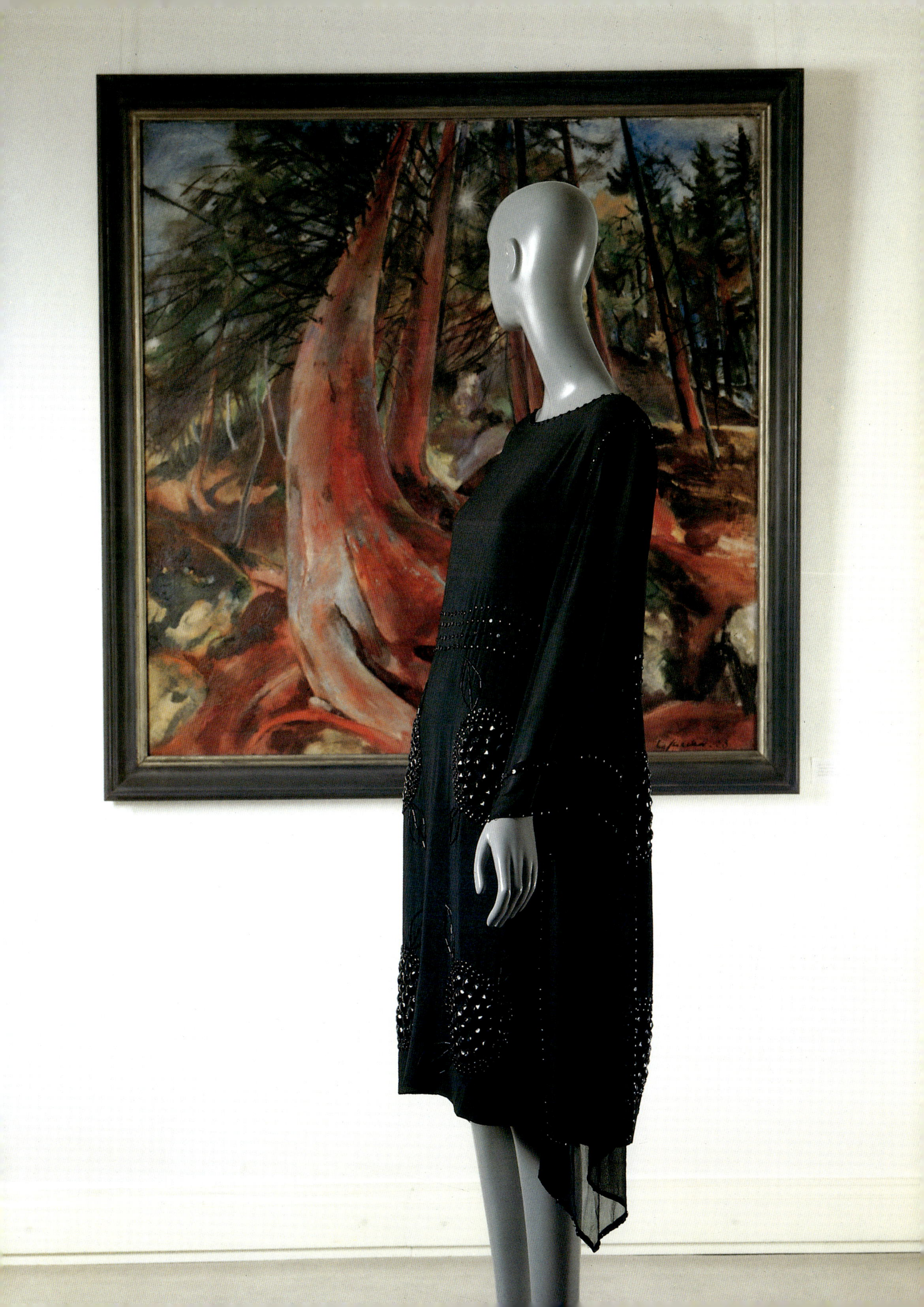

## *Tageskleid, 1928/30*

*Kat. Nr. 4*
*Schwarzer Kunstseidenjersey*
*Modell: Wertheim, Berlin*
*Etikett im hinteren Halsausschnitt*
*Länge: 115 cm,*
*Konfektionsgröße: 46*
*Inv. Nr.: KGT 90/92*

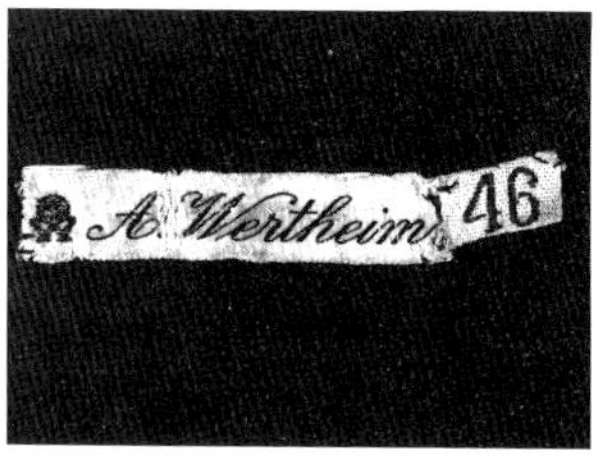


Firmenschild des Kaufhauses Wertheim, mit Angabe der Konfektionsgröße. Es befindet sich am hinteren Halsausschnitt und wurde restauriert, Kat. Nr. 3.

Eines der wenigen erhaltenen Tageskleider Berliner Provenienz. Bemerkenswert ist das Material: Kunstseidentrikot. Trikotstoffe waren eigentlich der Unterwäsche vorbehalten und wurden erstmals von Gabrielle »Coco« Chanel für Überbekleidung verwandt. Vorn bekommt es im Rockbereich Weite, durch zwei, sich rechts und links befindende Biesen, die in kleine Falten aufspringen. Die langen, schmalen Ärmel sind mit Aufschlägen versehen. Einzige Zierde des Kleides ist eine um den V-Ausschnitt herum applizierte Schleife aus demselben Material, sowie etwas schwarze Spitze, die die Tiefe des Ausschnitts leicht verkürzt.

Mit seinem sachlichen, unprätentiösen Charakter steht das Kleid für die Bekleidung, wie sie für viele Berufstätige, vor allem Angestellte typisch gewesen sein dürfte.

## *Sommerliches Tageskleid um 1926*

*Kat. Nr. 5*
*Baumwollmusselin mit Bordürendruck in Schwarz, Weiß, Rosa;*
*hellblauer Kunstseidenlavabel,*
*kleine Messingkugelknöpfe*
*Berlin, Konfektion*
*Länge: 101 cm*
*Geschenk Frau Christine Waidenschlager*
*Inv. Nr.: KGT 90/88*

Ein typisches Kleid für die Sommersaison 1926. Baumwollstoffe mit ähnlich kleinem Druckmuster waren äußerst beliebt. Auch der kleine, farblich abgesetzte Kragen, die geraden Ärmel mit den schmalen Bündchen und der angekrauste Rock sprechen für dieses Entstehungsdatum. Das Kleid ist gern und viel getragen worden, denn es ist stark verwaschen und verblichen.

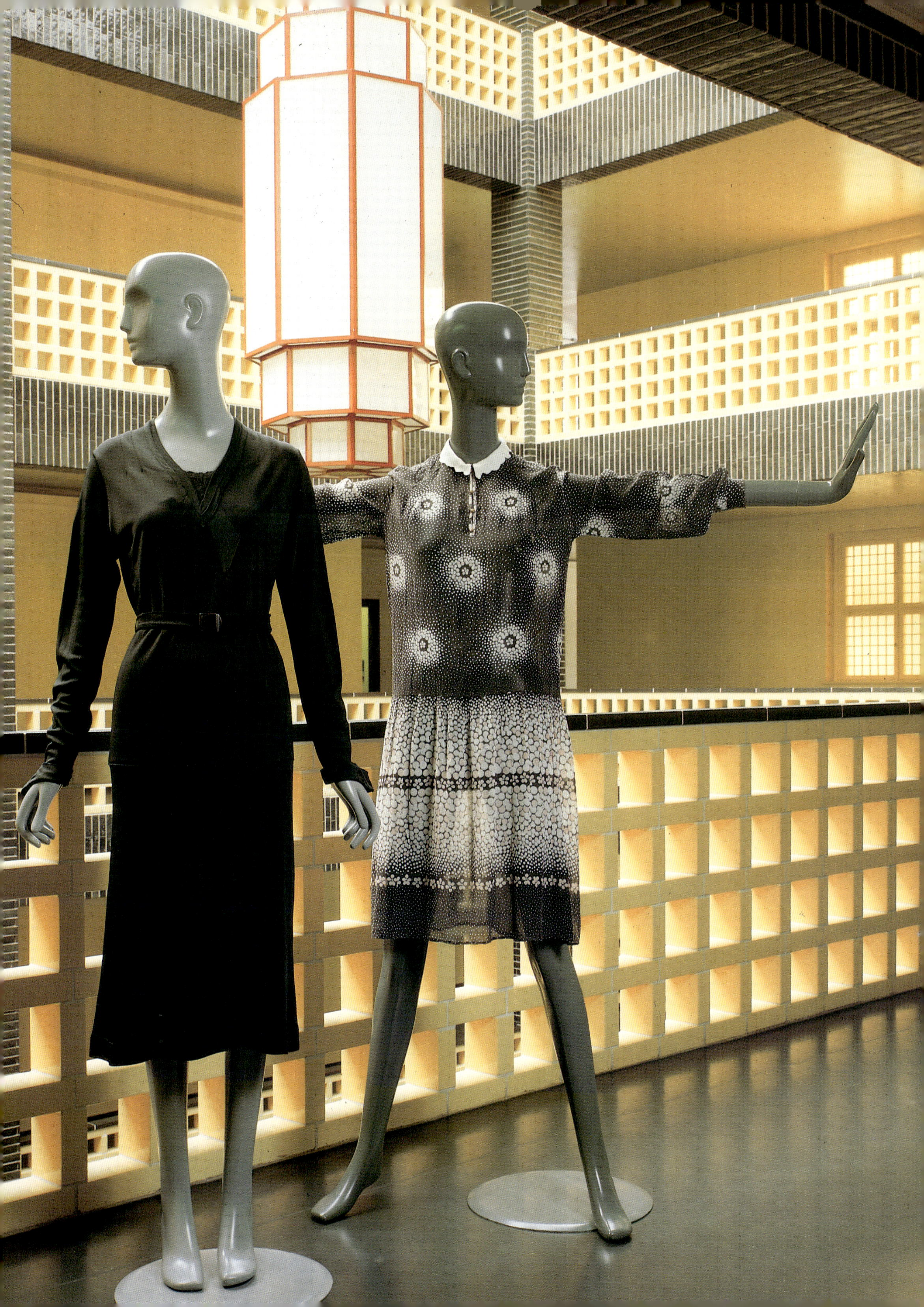

## *Sommerkleid, um 1925*

*Kat. Nr. 6*
*Ungefärbte Rohseide*
*Berlin, Konfektion*
*Länge: 125 cm,*
*Konfektionsgröße: 48*
*Geschenk Frau Hanna Beyer*
*Inv. Nr.: KGT 88/312*

Sehr sachliches Hemdkleid, mit kleinem Ausschnitt und Kragen. Vorn links befindet sich eine Brusttasche. Sehr typisch ist die Rockform, vorn mit je drei Falten, rechts und links, jedoch hinten glatt fallend. Weite erhielten die Röcke nach 1925 häufig nur vorn. Die eingewebten Streifen der Seide sind im Oberteil längs, im Rock quer verarbeitet.

Dieses Kleid könnte damals auch zum beliebten Tennisspiel getragen worden sein, denn die Bekleidungsvorschriften waren noch nicht so streng wie heute.

## *Sommerkleid, um 1925*

*Kat. Nr. 7*
*Blaugraues Drehergewebe,*
*sog. Etamine, Halbseide*
*Berlin, Konfektion*
*Länge: 121 cm*
*Geschenk Frau Hanna Beyer*
*Inv. Nr.: KGT 88/311*

Das sachliche Kleid ist durchgehend geschnitten und hat lange Ärmel mit kleinen Bündchen und Zackenmanschetten. Das vordere Oberteil ist von den Schultern bis zur Hüfte in Längsbiesen abgesteppt, die unten paarweise zusammenlaufen. Der Rock ist in Falten gelegt, die erst unterhalb der Hüfte aufspringen.

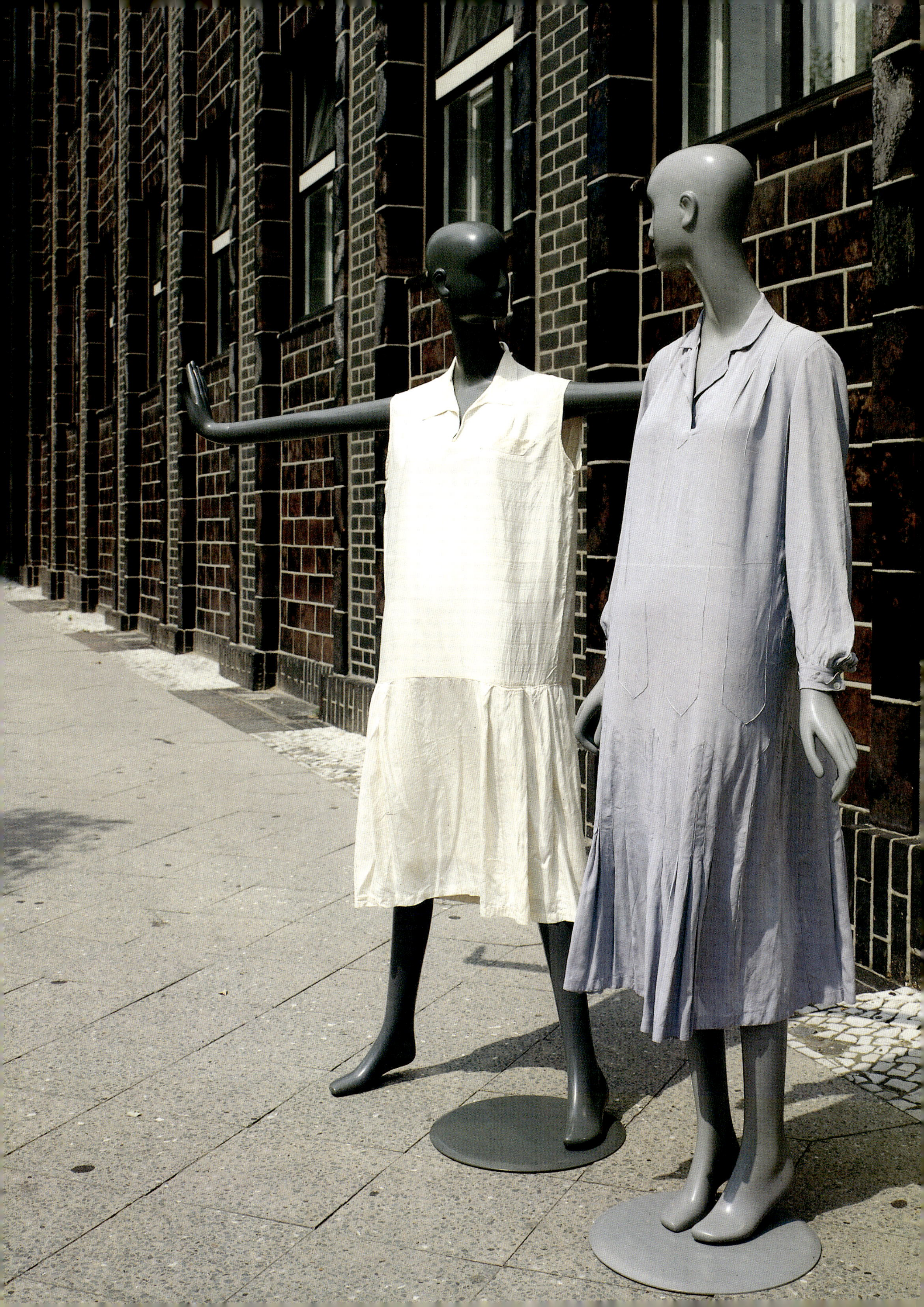

# *Sportliches Wollkostüm um 1924*

*Kat. Nr. 8*
*Graubrauner Wollfischgrat,*
*gelbgrauer Futtersatin*
*Jacke Länge: 78, Rock Länge: 75 cm*
*Fa. Paul Vogt, Breslau,*
*Firmenschild in der Jacke;*
*in Berlin getragen*
*Inv. Nr.: KGT 91/39*

Die locker sitzende Jacke mit bequemem Gürtel und »Golffalten« läßt ebenso wie der Rock mit den seitlichen Kellerfalten kräftige körperliche Bewegung zu. Durch den eng zuknöpfbaren Kragen, Knopfriegel an den Ärmeln und den dichten Wollstoff konnte die Trägerin auch unfreundliches Wetter gut überstehen. Derartige Kostüme wurden in den Modezeitschriften für Spaziergänge auf dem Land, Golfspielen, Automobilsport und Reisen empfohlen. Der Begriff »Golffalte« für erweiternde Kellerfalten in Jacken u. ä. tauchte in dieser Zeit auf, sie waren besonders in der sportlichen Herrenmode beliebt.

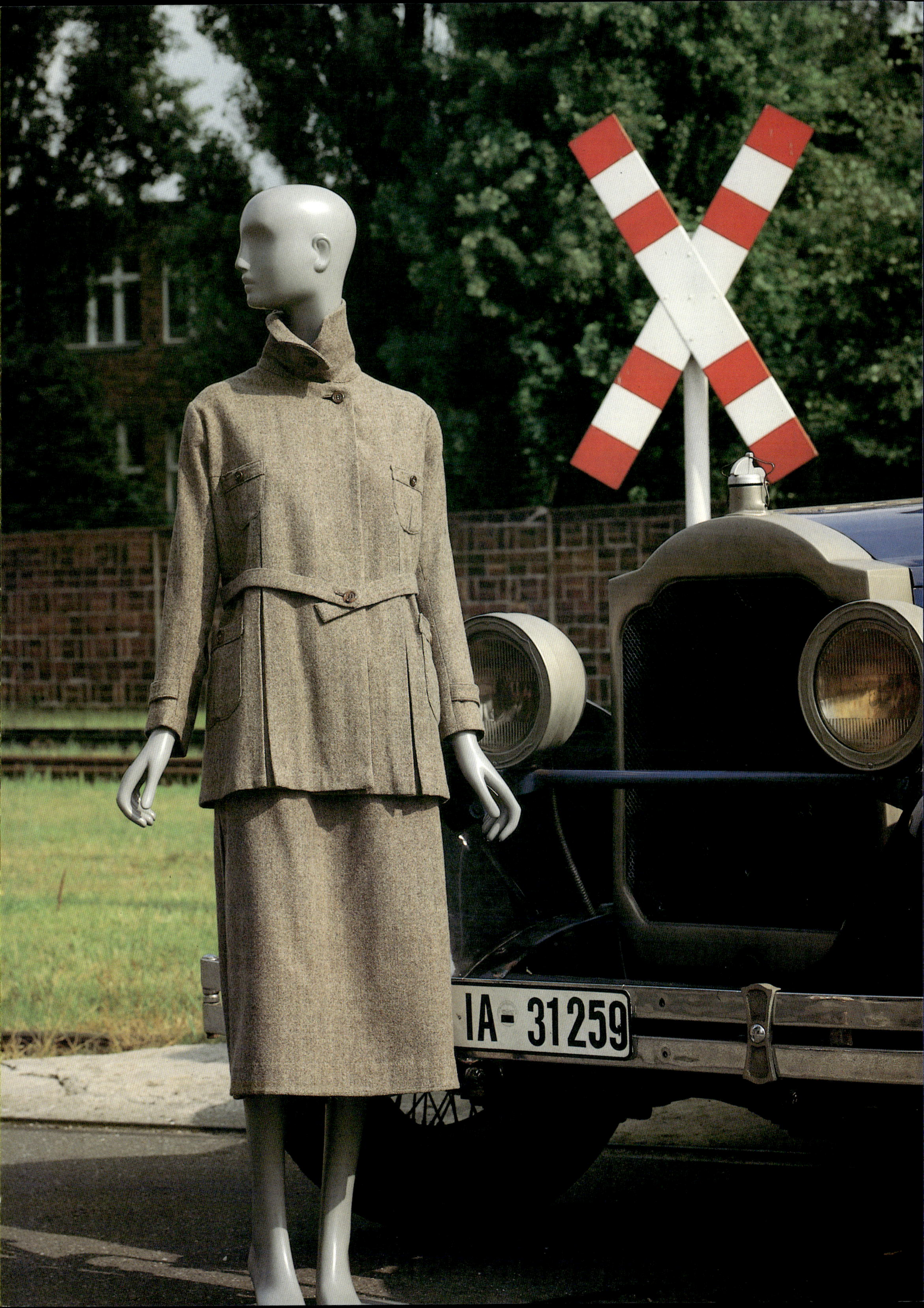
IA - 31259

## *Langärmliges Lingeriekleid um 1923*

*Kat. Nr. 9 links*
*Baumwollbatist mit Filetspitzenarbeit,*
*Unterkleid und Bindegürtel ergänzt.*
*Länge: 110 cm*
*Geschenk Frau Lydia Hainke*
*Berlin, Hausnäherei*
*Inv. Nr.: KGT 89/96*

Lockeres Sommerkleid mit verlängerter Taille und weitem Rock, weiten Bündchenärmeln und flachem Ausschnitt. Vorder- und Rückseite sind identisch. Das Oberteil ist durchgehend, ohne Schulternähte gearbeitet. An kurzen, angeschnittenen Ärmeln sind die eigentlichen Ärmel angesetzt. Reiche Handarbeit aus Schlingknotennähten, feinen Biesenfalten und separat gearbeiteten Filetspitzenfeldern, schmücken das Kleid.

## *Kurzärmliges Lingeriekleid, 1921*

*Kat. Nr. 10, Mitte*
*Baumwollbatist, Weißstickerei, Schiffchenarbeit,*
*Unterkleid ergänzt.*
*Länge: 111 cm*
*Berlin, Hausnäherei*
*Geschenk Frau Ursula Klein*
*Inv. Nr.: KGT 88/148*

*Beschreibung Seite 97*

## *Hochzeitskleid mit Art Deco Gürtel, 1922*

*Kat. Nr. 11, rechts*
*Baumwollbatist, Hohlsaumstickerei,*
*Gürtel aus bedrucktem*
*Seidensatin, Unterkleid ergänzt.*
*Länge: 126 cm*
*Geschenk Frau Klara Bicker*
*Berlin, Hausnäherei*
*Inv. Nr.: KGT 82/8 (1+2)*

Schlichtes Kleid mit langen, angeschnittenen Ärmeln. Das Oberteil mit der verlängerten Taille ist gerade gearbeitet, in der Taillennaht befindet sich ein Tunnel, so daß das Kleid inwendig zusammengezogen werden kann. Der Rock ist leicht gekraust und vorn mit zwei Falten versehen, die von feiner Hohlsaumstickerei akzentuiert werden. Ein Satingürtel mit dekorativem Art Deco-Muster bildet den auffälligen Schmuck des Kleides.

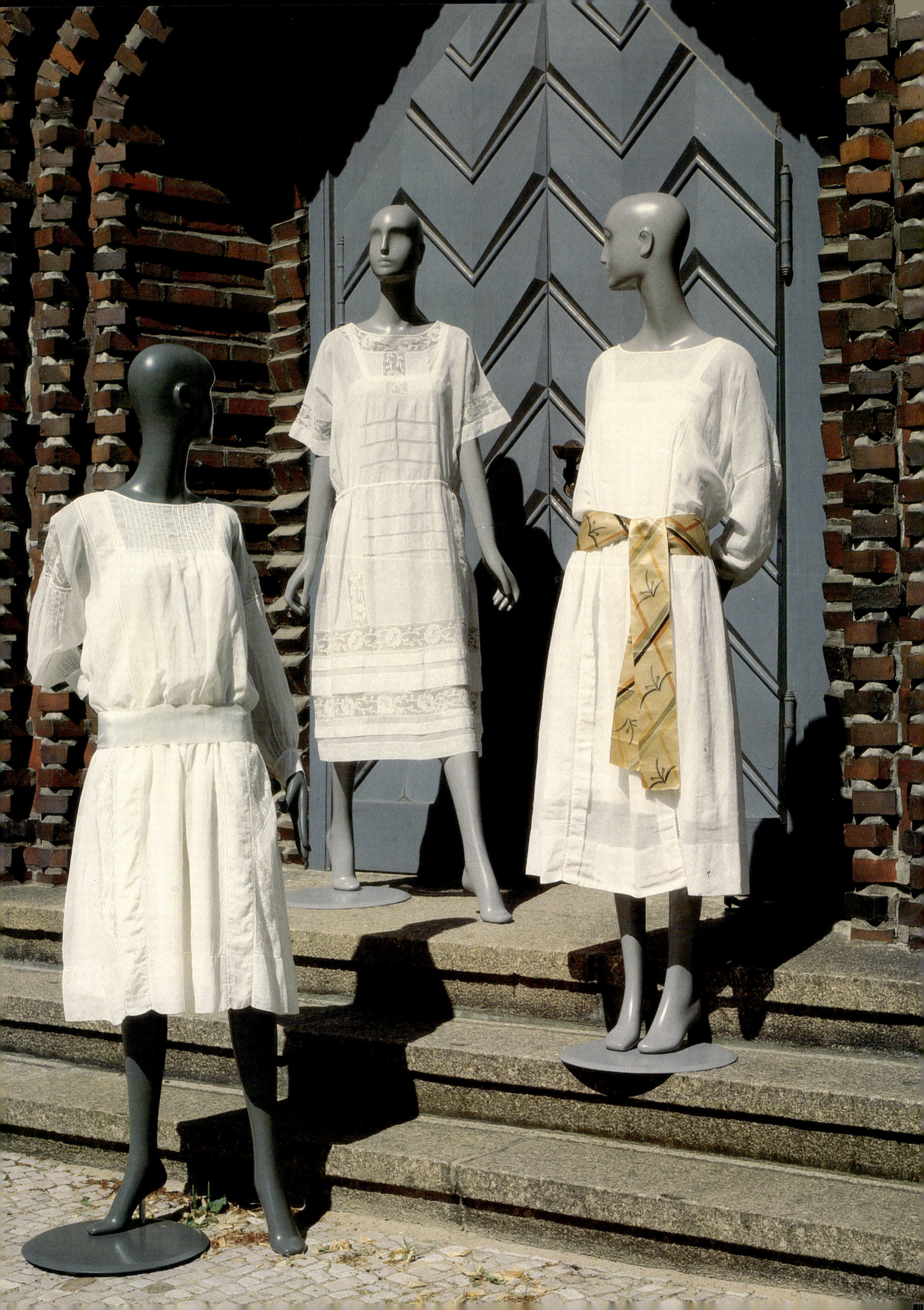

## *Nachmittagskleid 1924/25*

*Kat. Nr. 12*
*Schwarze Kunstseide, Perlstickerei aus schwarzen, kantigen Glasperlchen*
*Modell: Kersten und Tuteur, Firmenschild im Rücken*
*Länge: 109 cm*
*Inv. Nr.: KGT 89/43*

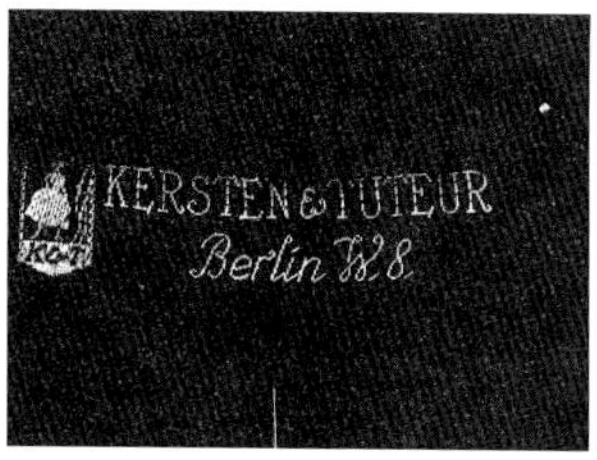


Firmenschild des Modehauses »Kersten & Tuteur«. Es befindet sich unter einer Falte im Rücken des Kleides, Kat. Nr. 8.

Bei diesem Nachmittagskleid dürfte es sich um eines der weniger spektakulären Modelle des berühmten Modenhauses Kersten und Tuteur handeln. Auch hier findet sich die vor 1925 übliche gerade geschnittene Hemdform, die lediglich von drei unterschiedlich breiten Stickereiborten belebt wird. Das Kleid, das nach Angabe der Vorbesitzerin öfters zu Fasching getragen wurde, hat offensichtlich im Rücken einige nicht mehr zu entschlüsselnde Veränderungen erlebt. Die Stickereiborten sind im Rücken nicht durchgängig, das ist original. Aber es befindet sich dort, zwischen der obersten und untersten Borte, eine unmotiviert angebrachte Stoffbahn aus dem originalen Stoff. Eventuell war dies einmal eine lang flatternde Bahn, die eine Schleppe andeuten sollte. So ist das Kleid ein Beispiel für den sich ständig ändernden Zeitgeschmack, dem vor allem historische Kostüme ausgesetzt sind.

## *Elegantes Nachmittagskleid 1923/24*

*Kat. Nr. 13*
*Rote Seide, Stickerei aus Glasperlen in Rot, Schwarz und Opak*
*Berlin, Konfektion*
*Länge: 119 cm*
*Inv. Nr.: KGT 84/28*

Völlig gerade geschnittenes Hemdkleid. Einziger, aber effektvoller Schmuck ist eine Stickerei, die an aztekische Ornamente erinnert. Ein schmaler Gürtel, der auf der Hüfte getragen wurde, weist dieselbe Stickerei auf.

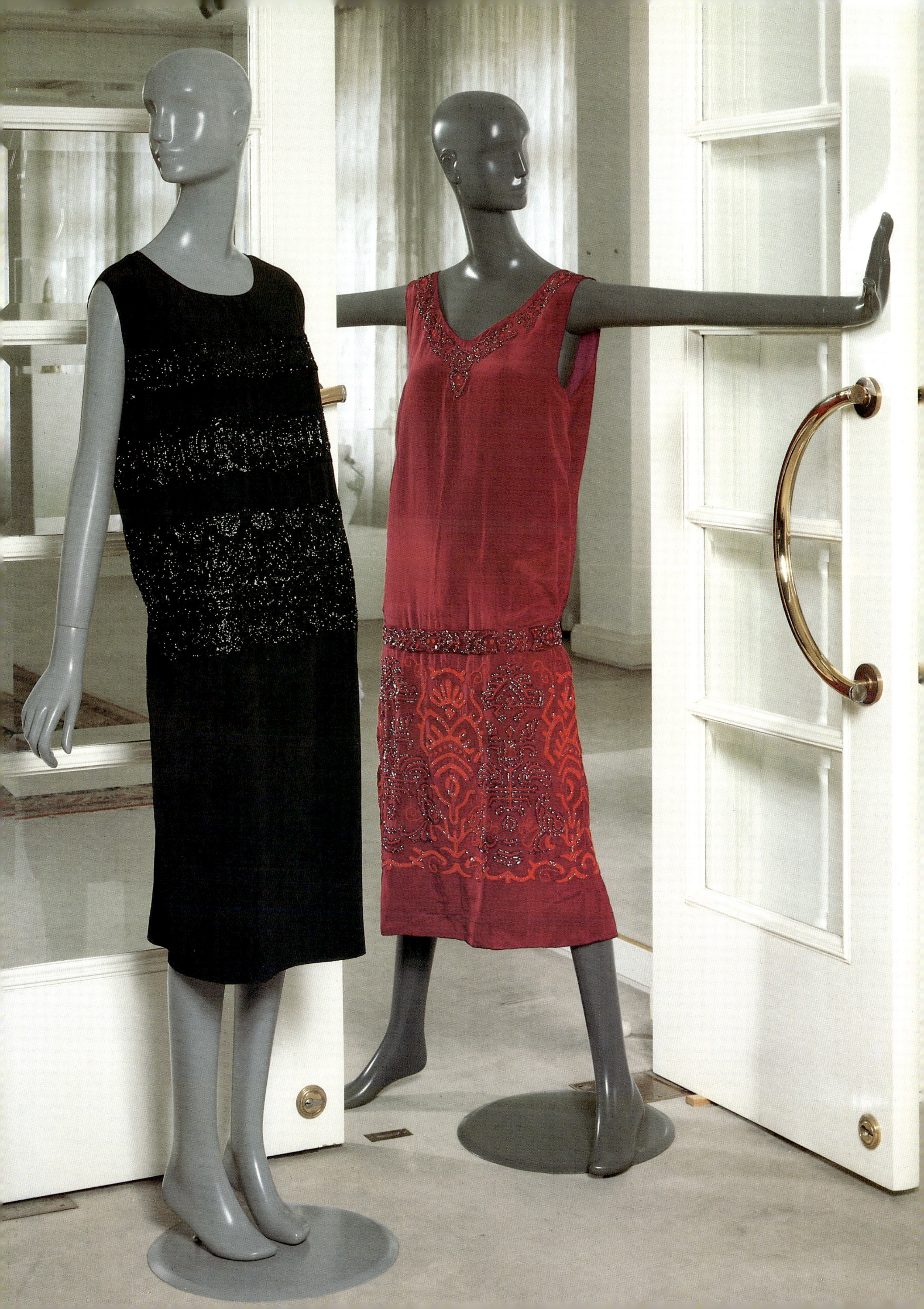

# *Eleganter Mantel 1926/27*

*Kat. Nr. 14*
*Schwarzer Kunstseidenkrepp mit Kurbelstickerei aus buntem Noppengarn, Maulwurfspelz,*
*Futter: abgesteppte Wattierung*
*Vermutlich Berlin, Konfektion*
*Länge: 110 cm*
*Inv. Nr. KGT 89/174*

Leicht ausgestellter Hängermantel, der mit nur einem Knopf in Hüfthöhe geschlossen wird. Den Hals rahmt ein in langen Schalenden herabhängender Pelzkragen ein. Die Ärmel erweitern sich unten über den großen Pelzbesätzen beutelartig. Rockteil und untere Ärmelpartien sind dicht mit bunter Kurbelstickerei in stilisierten Blumenformen bedeckt; auch der Schmuckknopf ist bestickt.

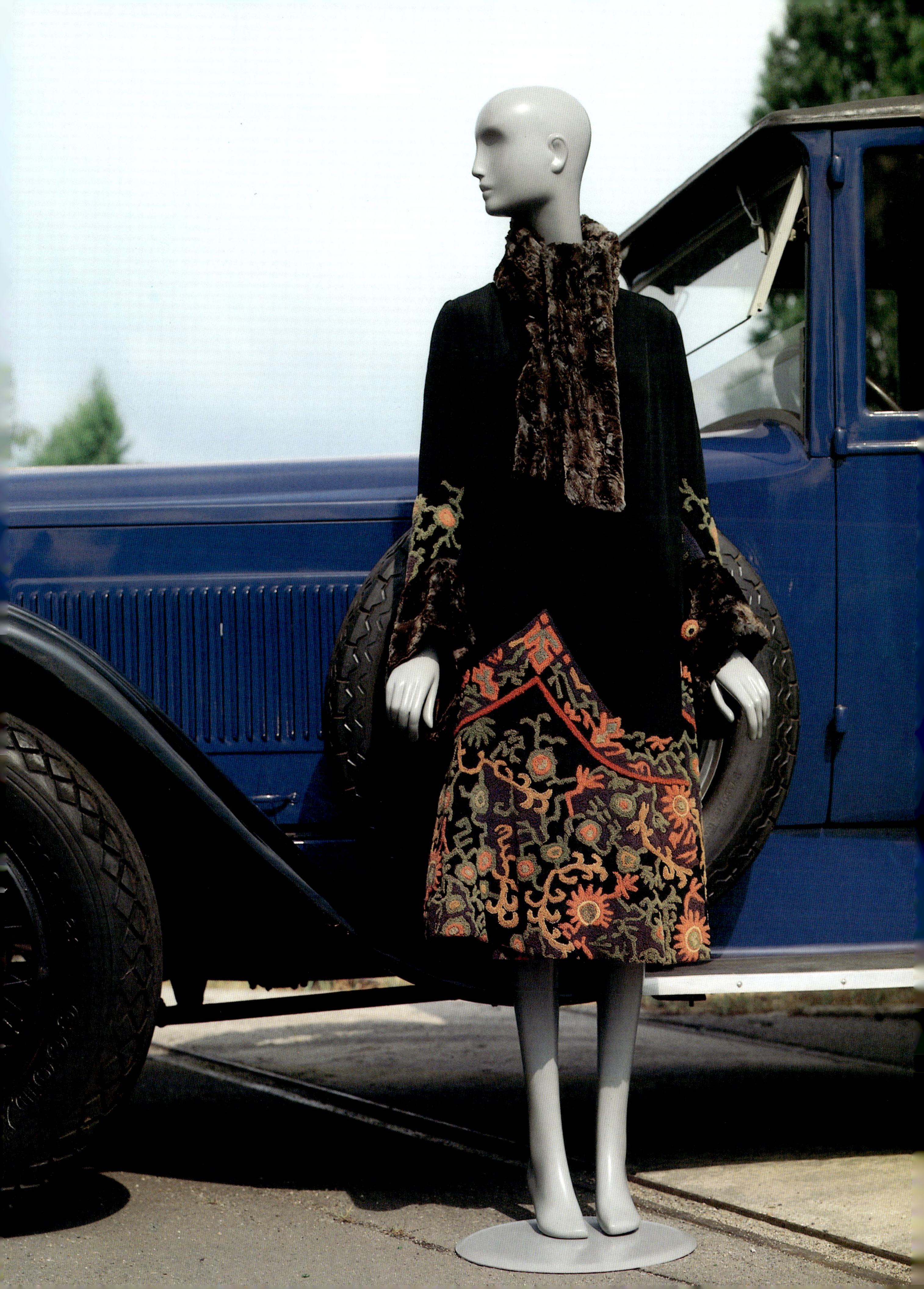

## *Tanzkleid, 1925/27*

*Kat. Nr. 15*
*Schwarzer Seidentüll, bestickt mit irisierenden schwarzen, petrolgrünen, violetten und gold-gelben Gelatine-Pailletten, Unterkleid ergänzt*
*Vermutlich Berlin*
*Länge: 109 cm*
*Konfektionsgröße: 42*
*Inv. Nr.: KGT 89/137*

»Pailletten kommen immer mehr in Mode. Sie leuchten und glitzern, umgeben die Tänzerin mit einem Sprühfeuer, das durch grazile Bewegungen immer wieder zu neuem Leben entfacht werden kann«, berichtet die »Elegante Welt«, Heft 26, 1926, S. 1. Diese Bemerkung scheint wie geschaffen für das zierliche Tanzkleid. Man kann sich das »Sprühfeuer«, das die Trägerin beim Tanz auslöst, ausgezeichnet vorstellen. Charakteristisch für Tanzkleider war die Leichtigkeit des Materials, in diesem Fall Tüll mit Pailletten, die etwas ausgestellte Linie, die durch den in flachen Bögen gearbeiteten Saum unterstützt wird. Das verschlungene Muster der Stickerei auf dem Rock löst sich im Oberteil in die geordnete Form von zwei großen Tropfen, die sich vorn und hinten den tiefen Ausschnitten anpassen. In Hüfthöhe setzen zwei Paillettenblüten in Violett, Petrol und Gold auffällige Akzente.

Es handelt sich um ein Konfektionskleid, wie die am hinteren Rückenausschnitt eingenähte »42« beweist, und zeugt so von den qualitätvollen Produkten der Berliner Branche, da jedes dieser Kleider individuell bestickt werden mußte.

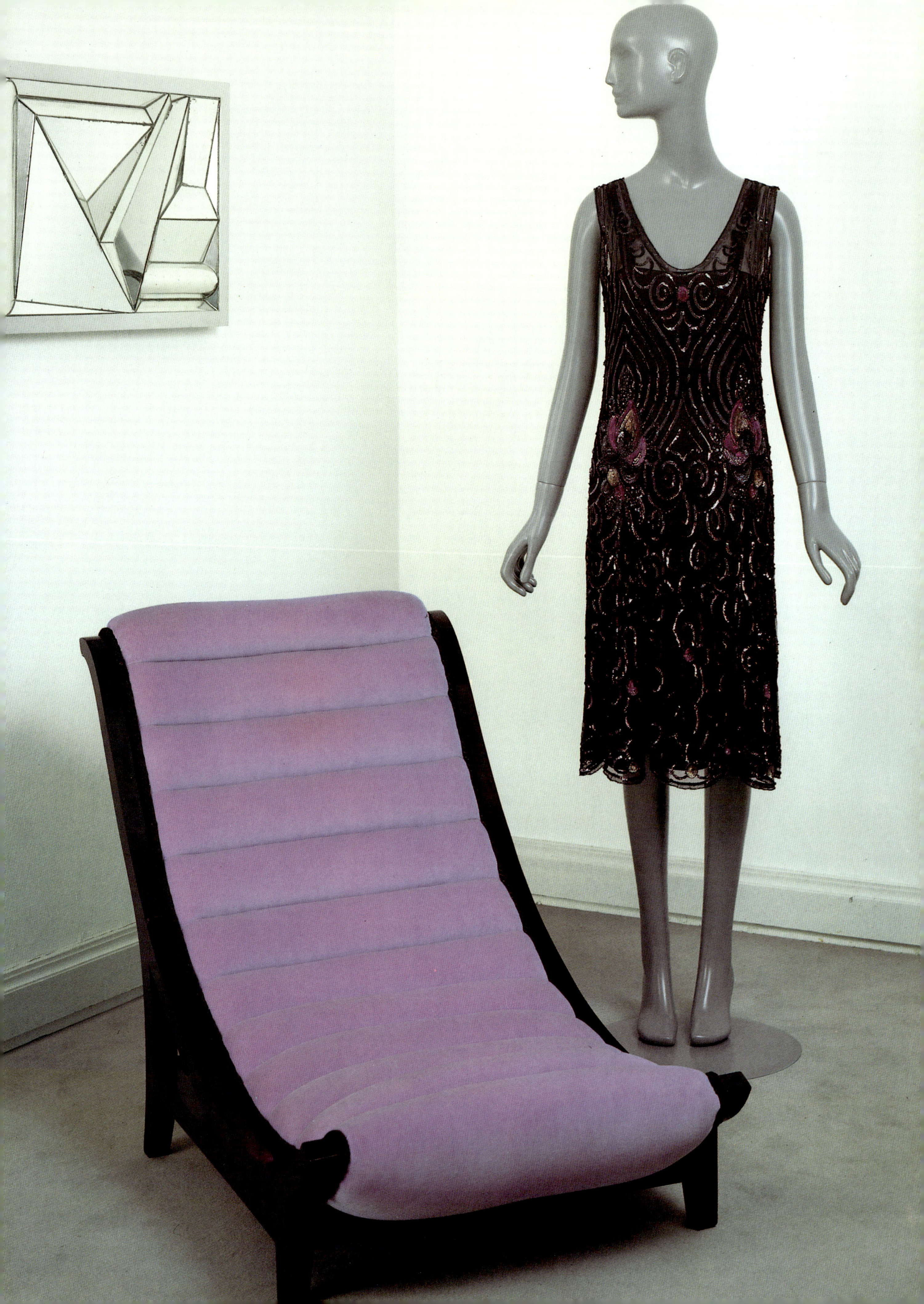

## *Zweiteiliges Tanzkleid, 1927/28*

*Kat. Nr. 16*
*Schwarzer Crêpe de Chine und Crêpe Chiffon,*
*schwarze Baumwollspitze*
*Berlin*
*Länge des Kleides: 115 cm*
*Länge des Jäckchens: 42 cm*
*Geschenk Frau Martina Weinland*
*Inv. Nr.: KGT 93/17*

Das ärmellose Kleid mit dem luftig schwingenden Rock zeigt die veränderte modische Silhouette nach 1927 und ist ein schönes Beispiel für die damals herrschende Vorliebe für Spitzen. Die Zeitschrift »Der Tanz« berichtete in Band 1, 1927/28 auf Seite 28: »Sehr gut eignen sich z. B. als elegantere Tanzkleider solche aus Spitzen. ... denn die modernen Spitzen sind nur ein Hauch, wirken überaus duftig und graziös und sind eher dazu geschaffen, eine Saison zu überdauern. Sehr praktisch ist es z. B. ein schwarzes Spitzenkleid zu wählen, zu welchem man je nach Gelegenheit verschiedene Unterkleider trägt. Ein weißes, womit man der beliebten Zusammenstellung von Schwarz und Weiß entgegenkommt, ein rosa und für besonders festliche Gelegenheiten ein solches aus Gold – oder Silberlamé.«
Bei unserem Tanzkleid wurde Spitze als breite Passe um den vorderen und hinteren Ausschnitt gelegt und als glockiger Rock angesetzt. Ein langärmliges Jäckchen von bolero-artigem Schnitt, dessen vorn spitz zulaufende Enden, miteinander verknotet wurden, ergänzte das Kleid zum Ensemble.

## *Tanzkleid 1928/30*

*Kat. Nr. 17*
*Rostbrauner Crêpe de Chine,*
*Spitzenstoff aus regenerierter Zellulose*
*in Rostbraun und Braun.*
*Unterkleid in Rostbraun aus*
*Crêpe Lavabel und Satinella*
*zusammengesetzt.*
*Vermutlich Berlin*
*Länge: 130 cm*
*Inv. Nr. KGT 89/144*

Das lange Kleid in Prinzeßlinie ist vorn und hinten spitz ausgeschnitten. Senkrecht verlaufende Streifen aus Crêpe de Chine und Spitzenstoff sind abwechselnd zusammengesetzt. In Taillenhöhe verjüngen sich die Abstände der Streifen zu einer Spitze, um seitlich und am Rock wieder auseinanderzulaufen. Dies gibt dem Rock die gewünschte glockige Weite. Das Unterkleid zeigt am ebenfalls ausgestellten Rock eine gebogte Bahnenverblendung.

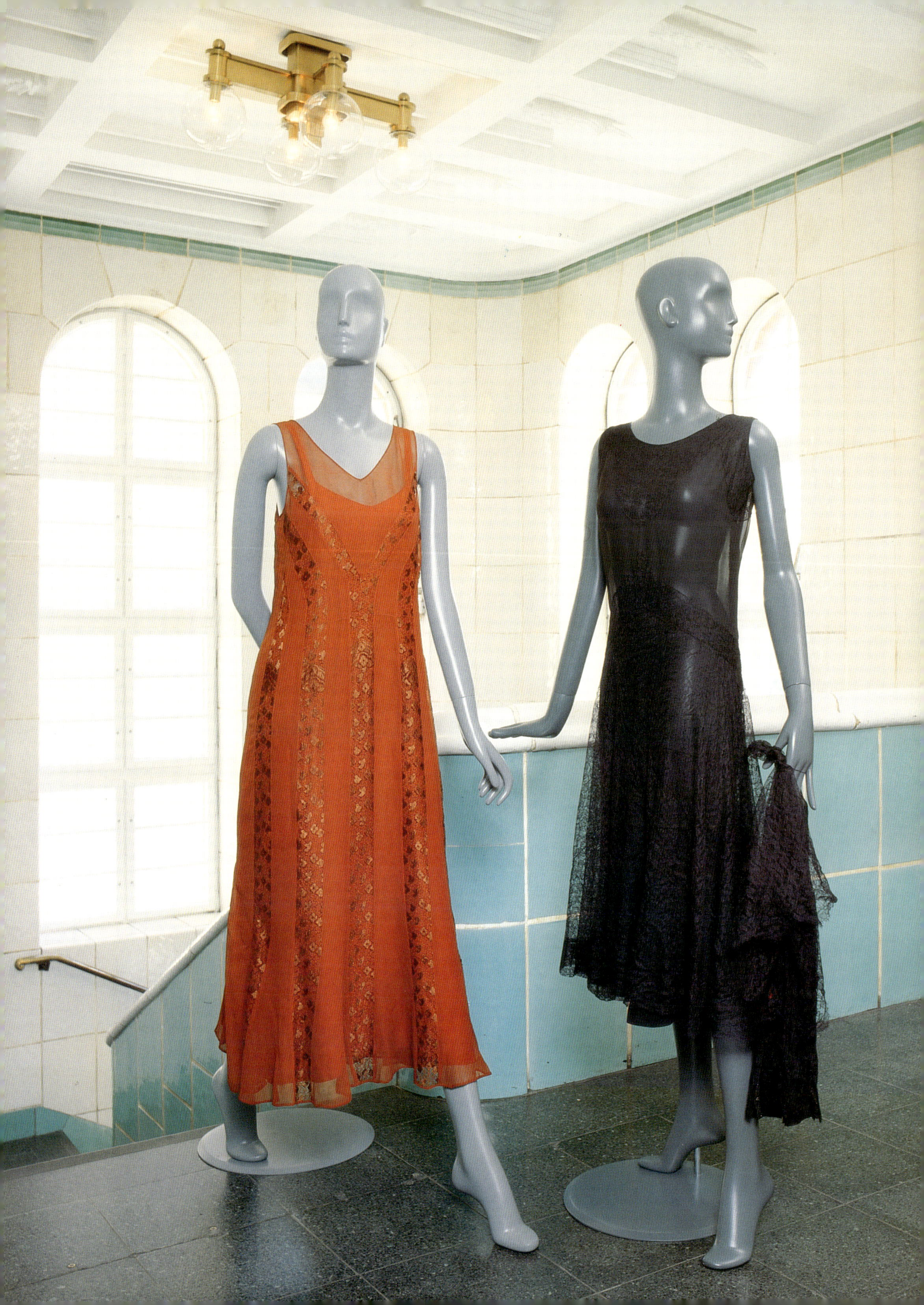

## *Sandbraunes Abendkleid um 1925/26*

*Kat. Nr. 18*
*Sandbrauner Crêpe Georgette,*
*verschiedene Glasperlen,*
*Vermutlich Berlin*
*Länge: 109 cm bzw. 129 cm*
*Inv. Nr.: KGT 89/169*

Gerade fallendes ärmelloses Kleid mit rundem Ausschnitt, der glatte Rock setzt vertieft an. Er besteht aus zwei gleichlangen übereinanderliegenden Rockteilen, der obere ist vorn und hinten bis zum Ansatz offen. Das gesamte Kleid ist mit Blüten- und Rankenmustern bestickt. Auf der linken Schulter sitzen zwei chrysanthemenartige Stoffblüten.

Das Kleid wurde vermutlich nach 1928 mit seinem ursprünglichen Unterkleid um 20 cm verlängert. Da das Gewebe dieses Unterkleides sehr mürbe ist und bereits starke Schäden, Risse und Löcher aufweist, wurde es vorläufig für die Ausstellung und zur besseren Restaurierung abgetrennt. Langfristig wird es jedoch wieder angebracht, um den historischen Werdegang des Kleides zu dokumentieren.

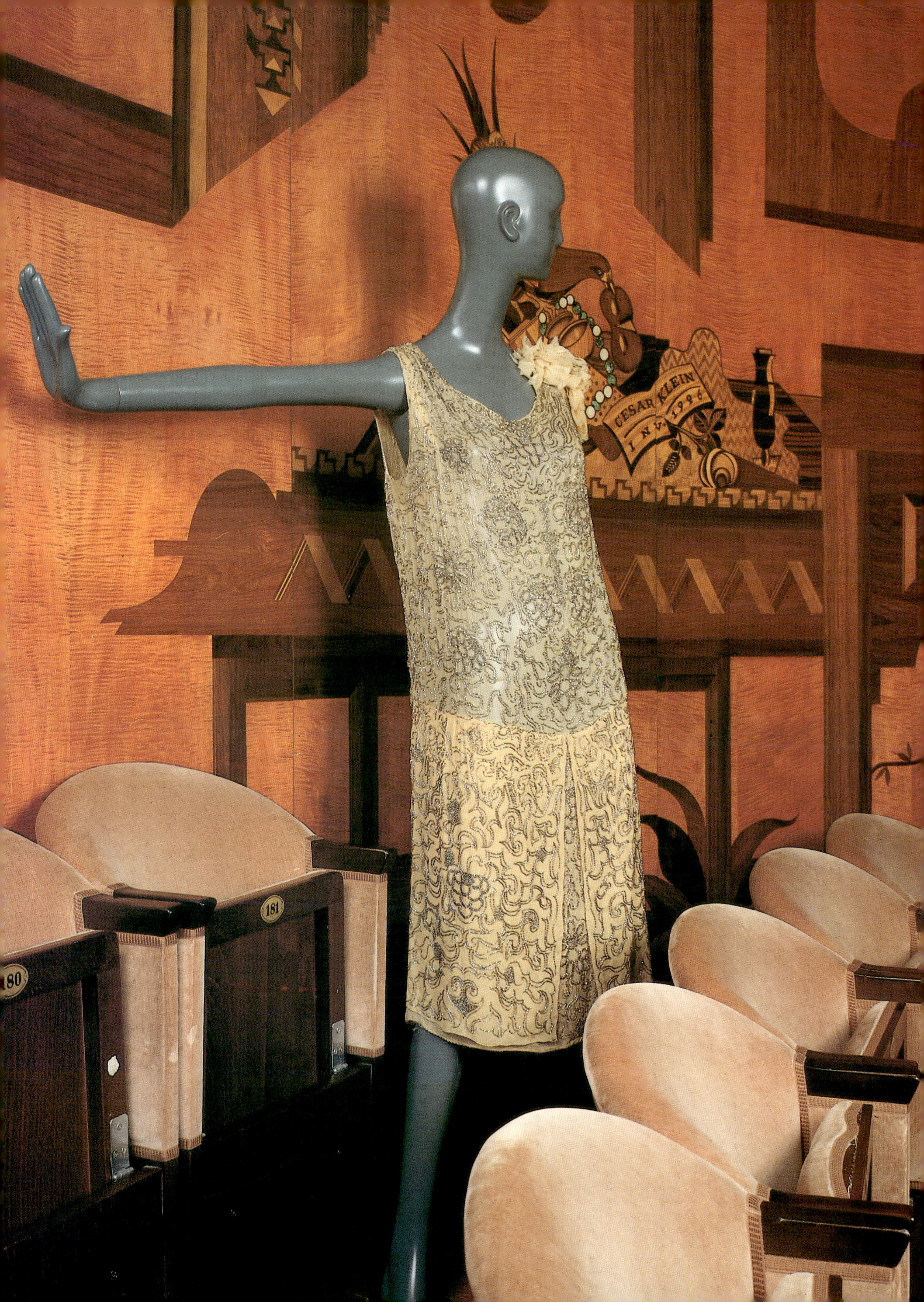
CESAR KLEIN
I N V. 1996
181
80

# *Gesellschaftskleid um 1924*

*Kat. Nr. 19*
*Blauer Crêpe Georgette, schwarzer Crêpe Satin, Futter: Crêpe de Chine, Stickerei: Honigfarbene und durchsichtige Glasperlchen, Goldfaden, Lahn mit Seele, zwei der seitlichen Quadrate ergänzt.*
*Berlin, Voss Modelle, Berlin W, Firmenschild im rückwärtigen Ausschnitt*
*Länge: 116 cm*
*Dauerleihgabe der Deutschen Oper Berlin*
*Inv. Nr.: KGT 91/47*

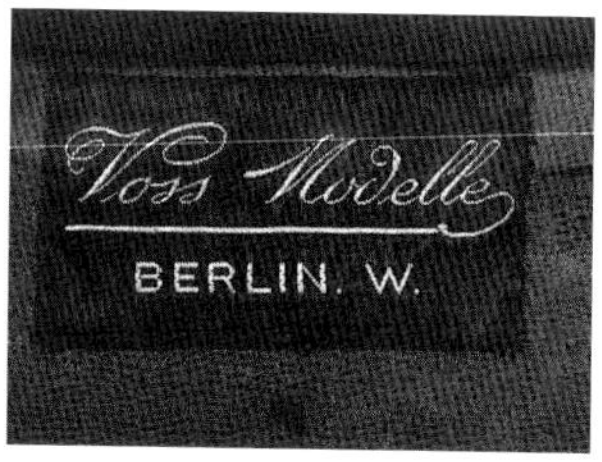


Firmenschild des Modehauses »Voss-Modelle«. Es befindet sich im hinteren Rückenausschnitt.

Ärmelloses, gerade geschnittenes Hemdkleid mit flachen Ausschnitten. Die vordere und hintere Mitte sind aus blauem Crêpe Georgette gearbeitet, an den seitlich Streifen aus schwarzem Crêpe Satin anschließen. An Stelle der Seitennähte wurde je ein etwa sieben Zentimeter breiter blauer Crêpe Georgette-Streifen eingesetzt. Das Kleid bekommt die nötige Weite zum Gehen durch zwei seitlich in Kniehöhe eingesetzte schwarze Godets, die von je zwei flatternden, blauen Quadraten verdeckt werden. Schmuck des Kleides ist, wie meist in den 20er Jahren, die kostbare, elegante Stickerei auf Vorder- und Rückseite.

Unterschiedlich breite Bordüren ergeben zwei nach oben und unten geklappte Längsrechtecke. Die Kurbelstickerei aus feinem Goldfaden wechselt sich mit Feldern aus farblosen Glasperlchen ab. Sie bilden zusammen ein wie ziseliert wirkendes, an persische Motive erinnerndes Bild. Eine schmale Kante aus honigfarbenen Perlchen umrahmt diese Flächen. Ein elegantes, qualitätvolles Modell.

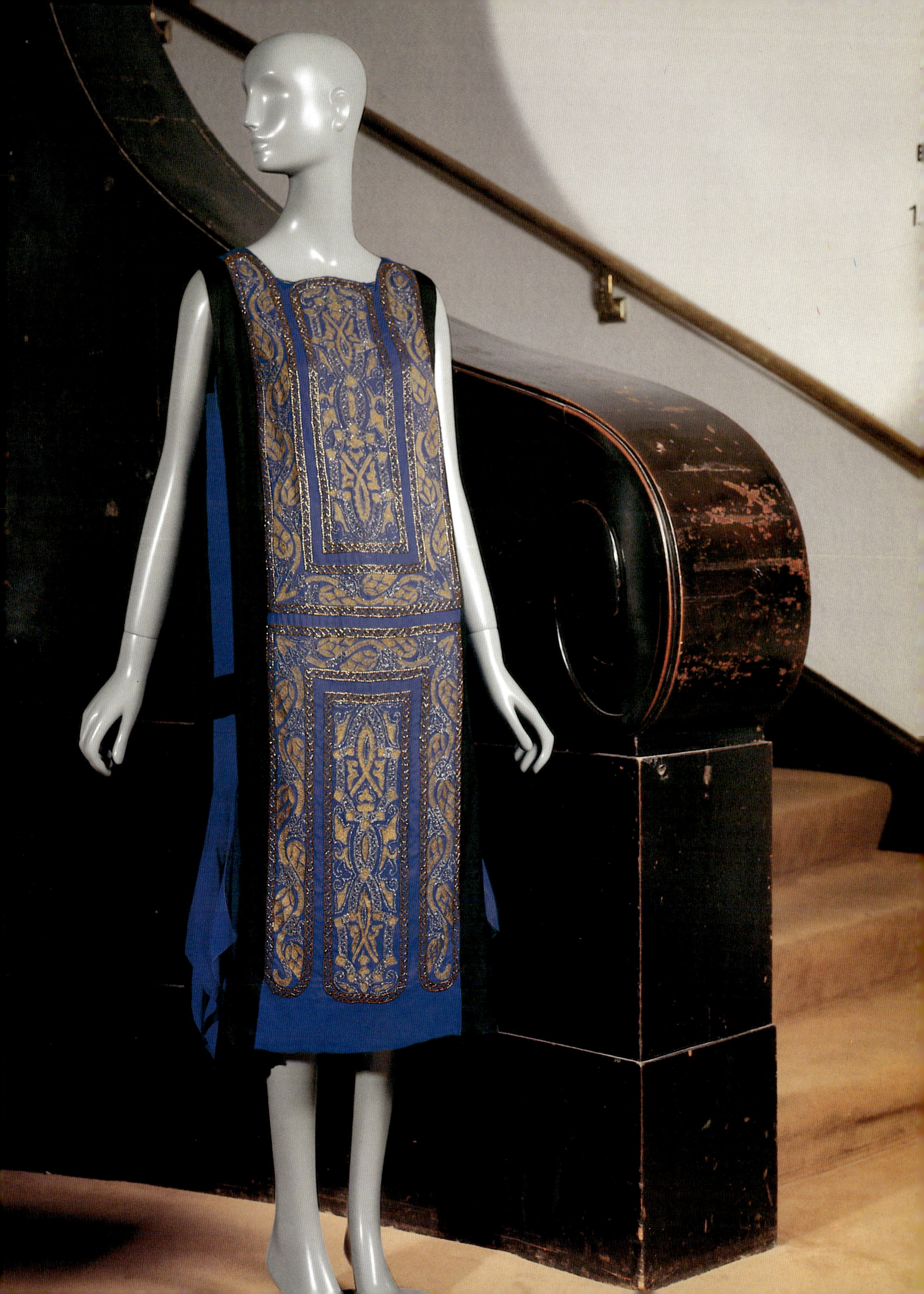

## *Gesellschaftskleid um 1924/25*

*Kat. Nr. 20*
*Sonnengelber Crêpe de Chine, gelbe Seidenstickerei in Kettstich, kurze, weiße Stabperlen*
*Vermutlich Berlin*
*Länge: 113 cm*
*Inv. Nr.: KGT 89/148*

Gerade geschnittenes, ärmelloses Hemdkleid, das bis unter Hüfthöhe vollständig bestickt ist mit einem Muster aus versetzten Rauten, »Sternen« und Blüten. Ein breiter, unbestickter Streifen, der vorn hochrechteckig ansteigt, unterbricht die Stickerei. Anschließend ist ein unbesticktes kleines Rockteil angesetzt. Auffällig ist der Kontrast zwischen der dicken Stickerei und dem zarten, unbestickten Stoff.

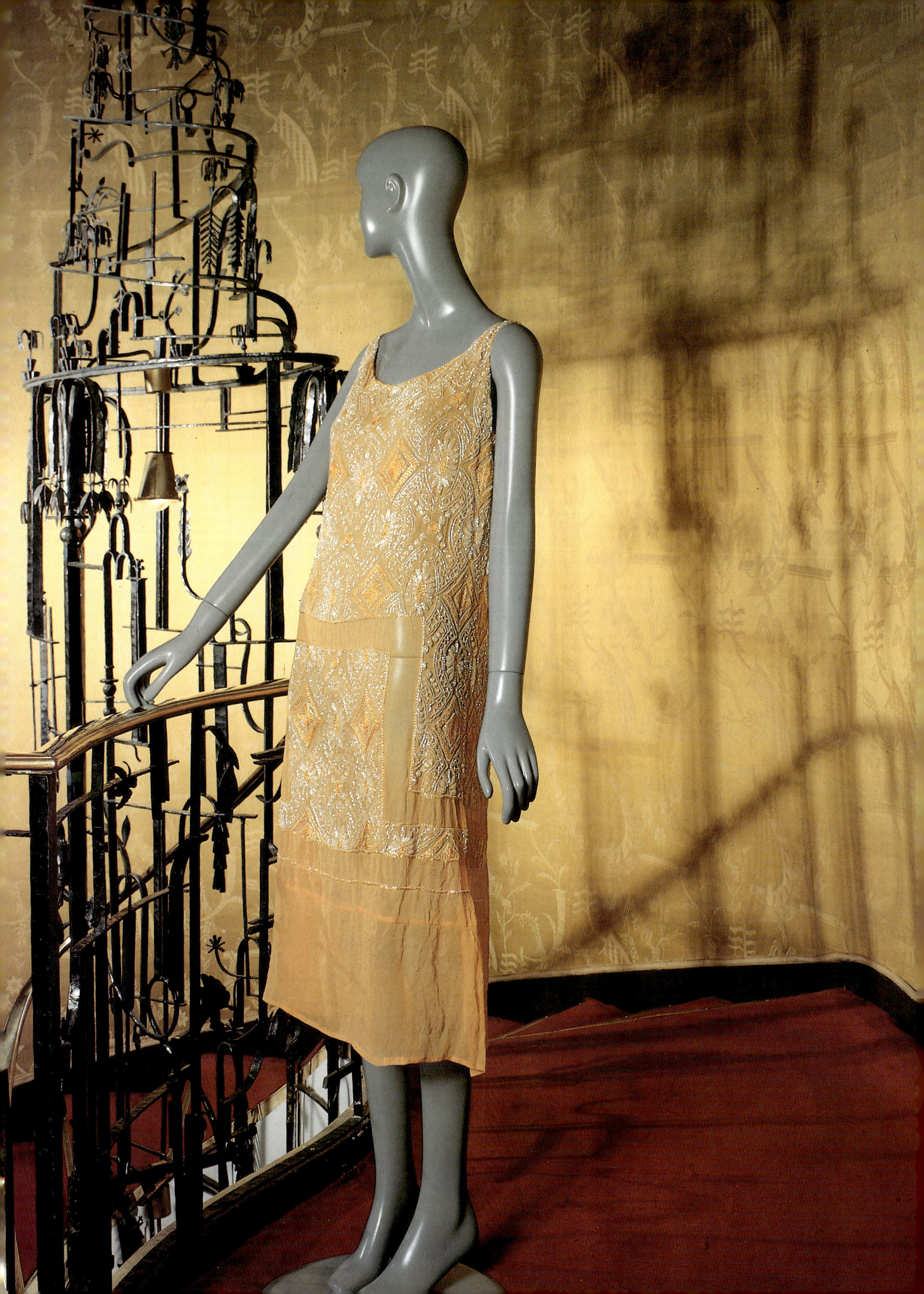

# *Tanz- oder Bühnenkleid um 1925*

*Kat. Nr. 21*
*Rostroter Baumwolltüll in Kurbelstichtechnik vollständig mit roten, goldfarbenen, silberfarbenen und blauschwarzen Pailletten bestickt;*
*Fransenbesatz aus gewirkten altrosa Seidenbändchen;*
*Unterkleid aus rosa Charmeuse*
*Berlin*
*Gesamtlänge: 93 cm*
*Geschenk Herr Kersten Göpel*
*Inv. Nr.: KGT 91/69*

Dieses Kleid vereinigt alle Stilmerkmale, die wir heute bei dem Gedanken an Tanz und Mode in den 20er Jahren vor Augen haben.
Ein freches, gerade geschnittenes, ärmelloses Hemd mit tiefem Vorder- und Rückenausschnitt. Es ist über und über mit Pailletten bestickt, die ein expressionistisches Flammen- oder Zackenmuster ergeben. Der Eindruck ruheloser Bewegung wird von der dichten, Seidenfransenkante verstärkt, die in Hüfthöhe ansetzt.

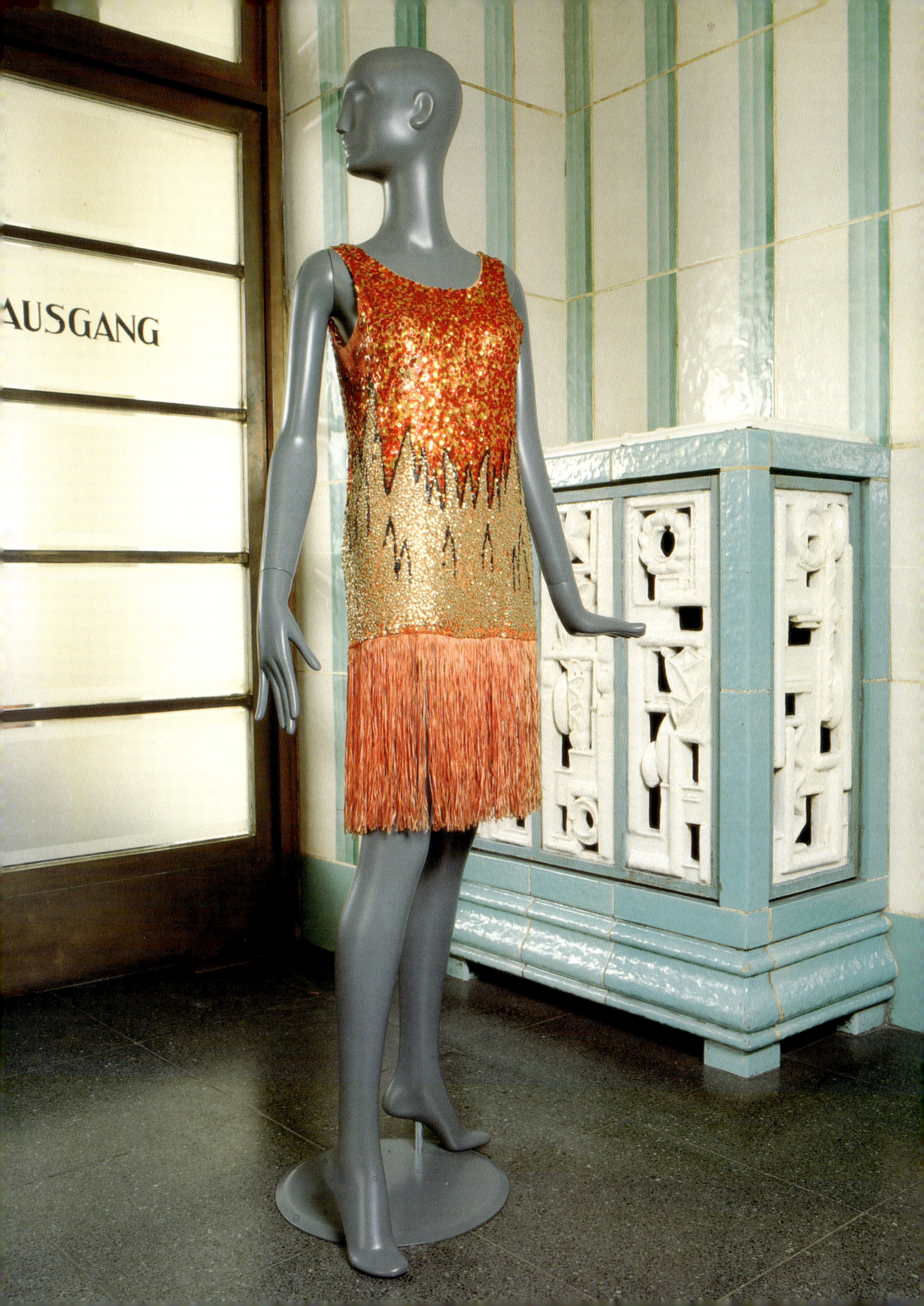
AUSGANG

## *Abendkleid, um 1925*

*Kat. Nr. 22*
*Schwarzer Crêpe Chiffon,*
*Seiden- und Perlstickerei,*
*Unterkleid ergänzt*
*Berlin*
*Länge: 107 cm*
*Inv. Nr.: KGT 88/1*

Ärmelloses Kleid mit tief angesetztem Rock. Der runde Ausschnitt ist hinten, dem Stil der Zeit entsprechend, tiefer als vorn. Der Rock ist aus vier losen, blattartigen Teilen gearbeitet. Den Akzent setzt die schwere Stickerei, die in starkem Kontrast zum feinen Stoff steht.

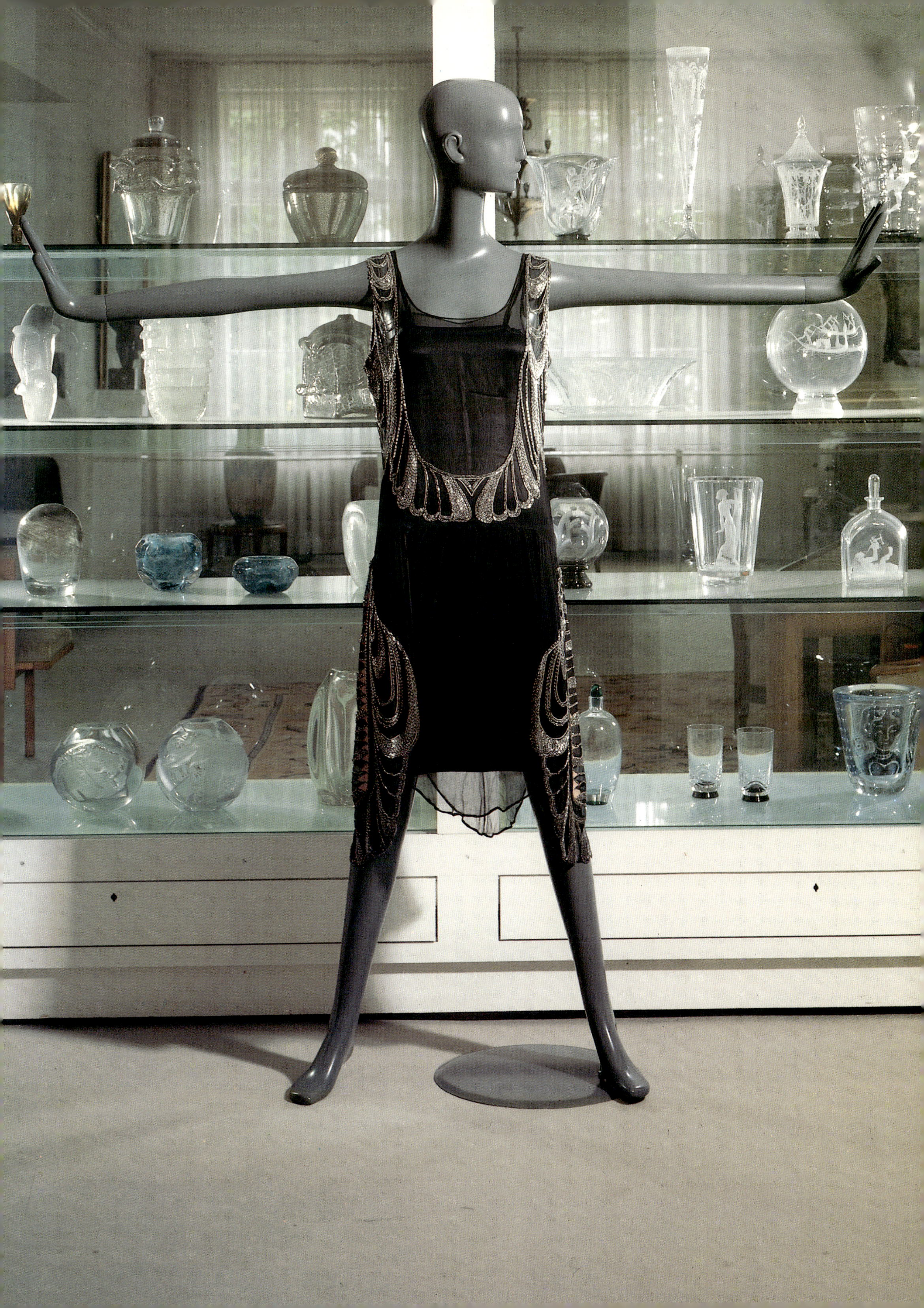

# *Abendkleid um 1925/26*

*Kat. Nr. 23*
*Elfenbeinfarbener Crêpe de Chine und Tüll, goldgelbe Glasperlen*
*Länge: 108 cm*
*Berlin*
*Inv. Nr.: KGT 89/149*

»Das weiße Abendkleid als strahlender Sieger der Saison«, meldet im Sommer 1926 die »Elegante Welt«. Das ärmellose, gerade Hemdkleid aus dem Besitz einer Berliner Sängerin ist vollständig mit verschiedenen goldgelben Glasperlen bestickt; durch die Musterführung der gürtelartigen Passe wird ein angesetzter Rock vorgetäuscht. Die Seiten sind nur zwischen Taille und Hüfte geschlossen; oben werden sie von den Tüllbesätzen des Unterkleids, unten von längerzipfelnden Tülleinsätzen gefüllt.

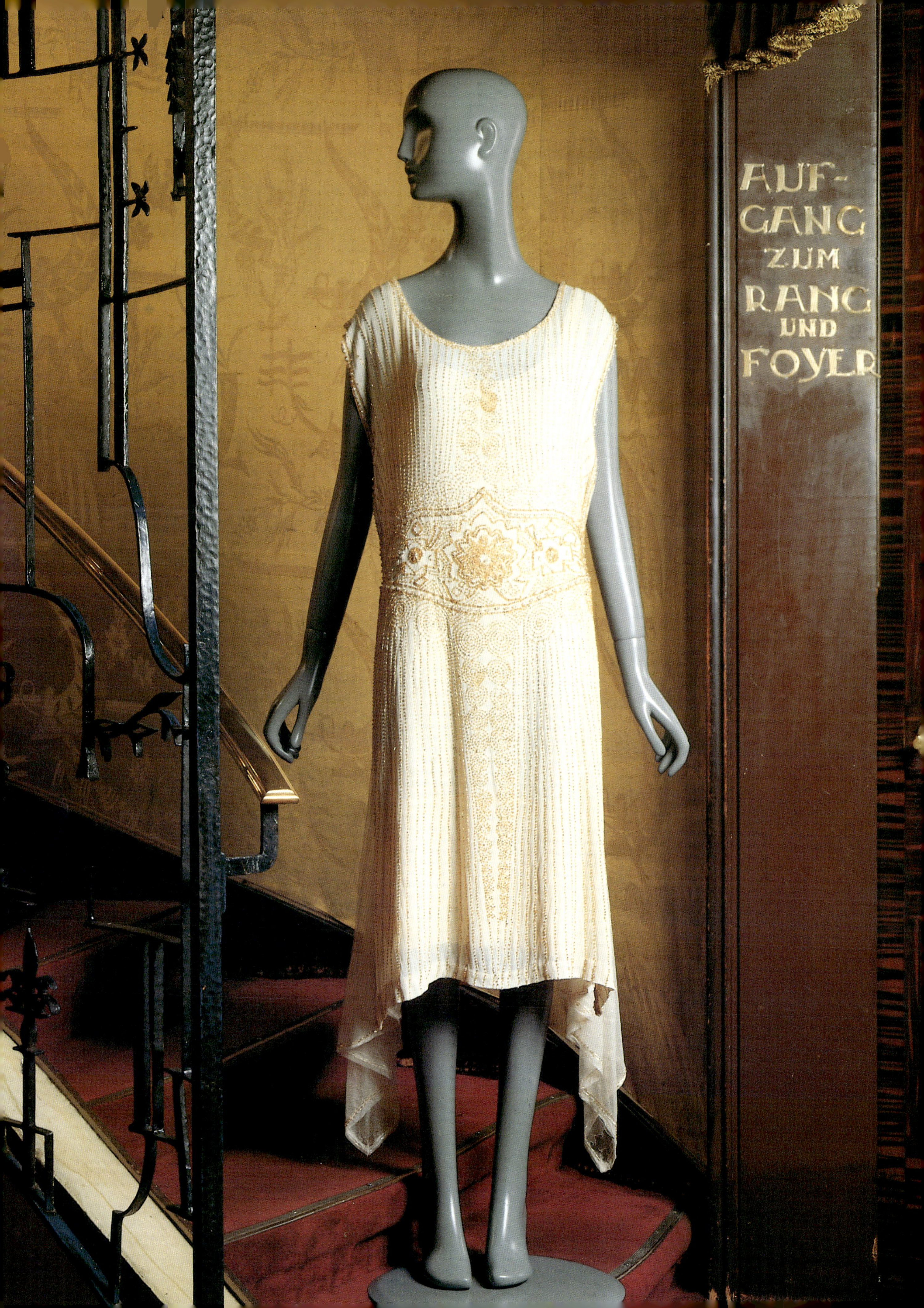
AUF-
GANG
ZUM
RANG
UND
FOYER

# *Vortragskleid der Diseuse Blandine Ebinger um 1925*

*Kat. Nr. 24*
*Blauer und schwarzer Seidenchiffon, Stickerei: aufgelegte Goldfäden, Goldlahn mit Seidenseele, mit Überfang auf handgearbeitetem Tüll aus Baumwoll- und Seidenfaden befestigt*
*Laut Stifterin wurde das Modell in einem Modesalon in der Leipziger Straße gekauft*
*Länge: seitlich 102 cm, Mitte 88 cm*
*Geschenk Frau Blandine Ebinger*
*Inv. Nr.: KGT 85/52*

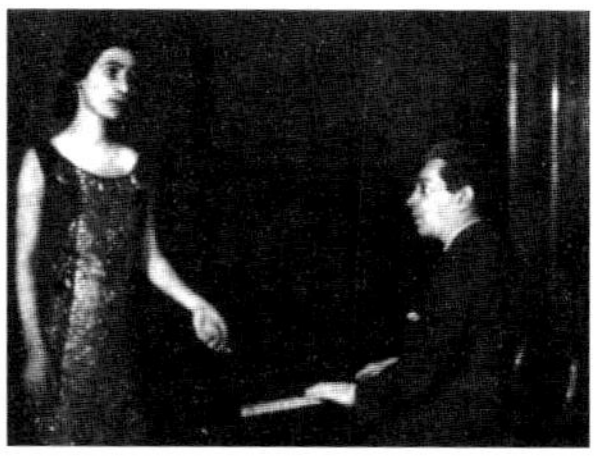

Blandine Ebinger mit ihrem damaligen Gatten, Friedrich Hollaender, während eines Auftritts in der »Funkstunde« am 23. November 1925. Foto aus dem Besitz von Frau Helga Bemmann

Der ungewöhnliche Schnitt des Kleides und seine delikate Farbzusammenstellung, schwarz, blau und gold, machen es zu einem Abendkleid von raffiniert–unterkühlter Eleganz. Die blaue Seide befindet sich in der Mitte des Kleides und verläuft, sich von oben nach unten verbreiternd, in großen Bögen seitlich nach hinten und von dort wieder nach oben. Sie ist von einem handgearbeiteten, großmaschigen Tüllnetz überfangen. In der vorderen Mitte ist der Stoff in kleine Querfältchen gerafft. Die schwarze Seide befindet sich seitlich, über den Hüften. »Den Oberkörper bekleidet nie viel überflüssige Weite, hier ist alles knapp auf den ungeschnürten Leib berechnet. Quergezogene Fältchen lassen die Stoffe gleichfalls enganliegend erscheinen«, schreibt die »Modenwelt« im Januar 1926 über die damals besonders bei Nachmittags- und Abendkleidern beliebte körpernahe Form.

Die blauen Bereiche sind mit einer filigranen Goldstickerei verziert, die seitlich im schwarzen Grund verläuft. Am vorderen und hinteren flachrunden Ausschnitt befindet sich je ein kleiner Volant mit derselben Stickerei.

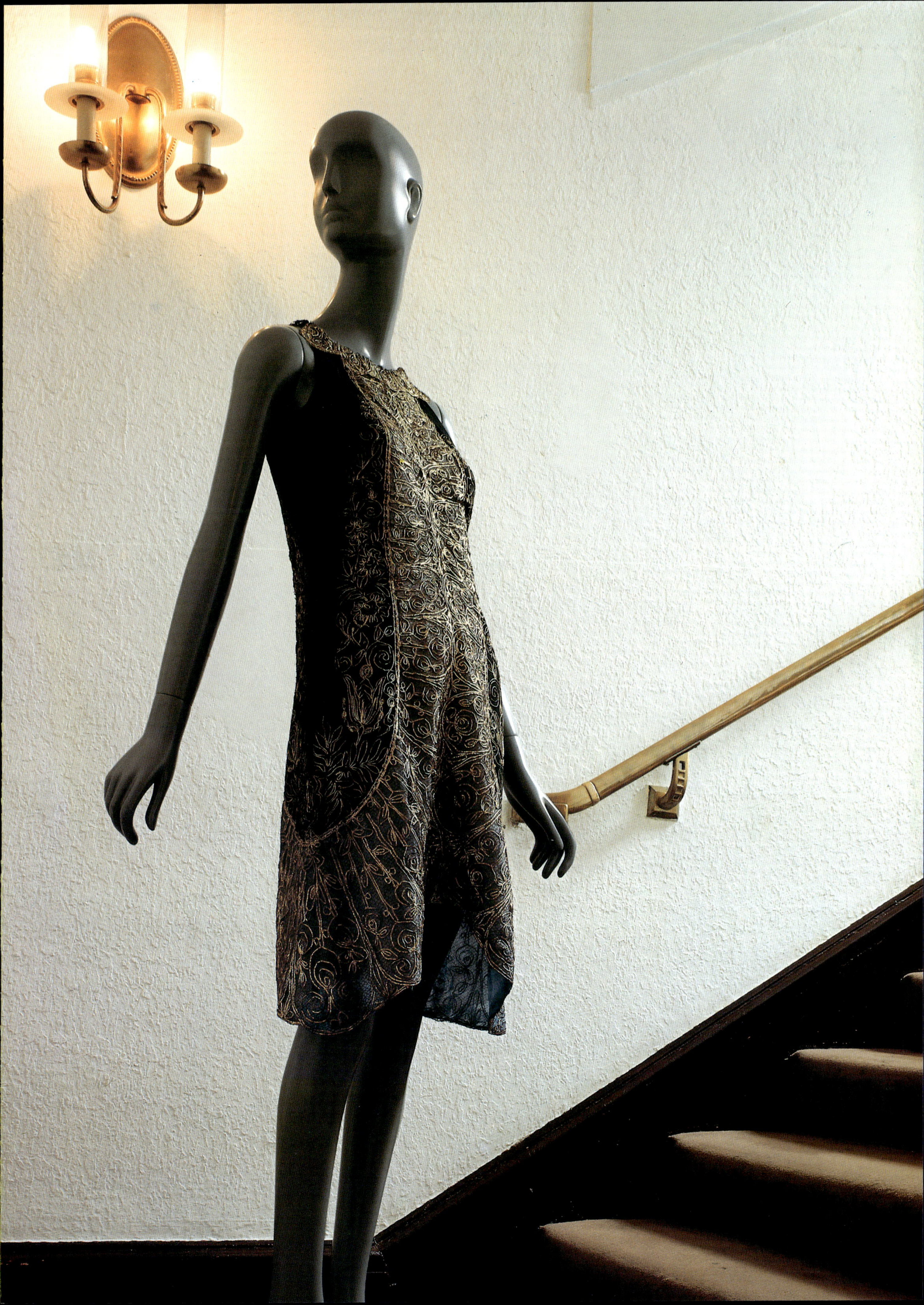

## *Abendkleid, um 1925*

*Kat. Nr. 25*
*Rosa Crêpe de Chine, Stickerei aus verschiedenen Glasperlen, Unterkleid ergänzt*
*Vermutlich Berlin*
*Länge: 101 cm*
*Inv. Nr.: KGT 89/151*

Im Gegensatz zu dem Tanzkleid ist dieses Modell gerade durchgehend gearbeitet. Es vereint die modischen Widersprüche der Zeit: einfacher Schnitt – Hemdkleid, mit kleinem Ausschnitt und ärmellos – kostbares Material (Seide) und sehr aufwendige Verzierung – mit der Hand ausgeführte Perlstickerei. Das Stickmuster, das an indische Ornamentik angelehnt ist, ist auf die gesamte Kleidfläche konzipiert und spiegelgleich gestickt. Bei der Restaurierung des Kleides wurde festgestellt, daß das Gewebe in der Schulternaht durchgehend ist. Vgl. dazu den Artikel von Barbara de Groot (S. 45 ff.).

## *Tanzkleid, 1925/27*

*Kat. Nr. 26*
*Altrosa Crêpe Georgette, Stickerei aus goldfarbenen Pailletten und verschiedenen Glasperlen*
*Vermutlich Berlin*
*Länge: 101 cm*
*Inv. Nr.: KGT 89/150*

»Konsistentere Gewebe, von weicher Schwere, soweit von ›Schwere‹ bei der allgemeinen Feinheit des Materials noch die Rede sein kann, verlangen nach den glatten, in Glocke ausschwingenden Schnitten der modernen, leicht geschweiften Prinzeßkleider, mit der leichten Andeutung weiblicher Formgebung«, berichtet die »Modenwelt« im Oktober 1925 über Kleider wie dieses. Das ärmellose, durchgehend gearbeitete Kleid mit dem runden Ausschnitt hat einen leicht ausschwingend gearbeiteten Rock und ist mit einem Netz aus farblosen Glasperlen bestickt. Ein ähnliches Modell befindet sich im Museum für Kunst und Gewerbe in Hamburg (Vgl. »Voilà«, Katalog Nr. 67, Hamburg 1991).

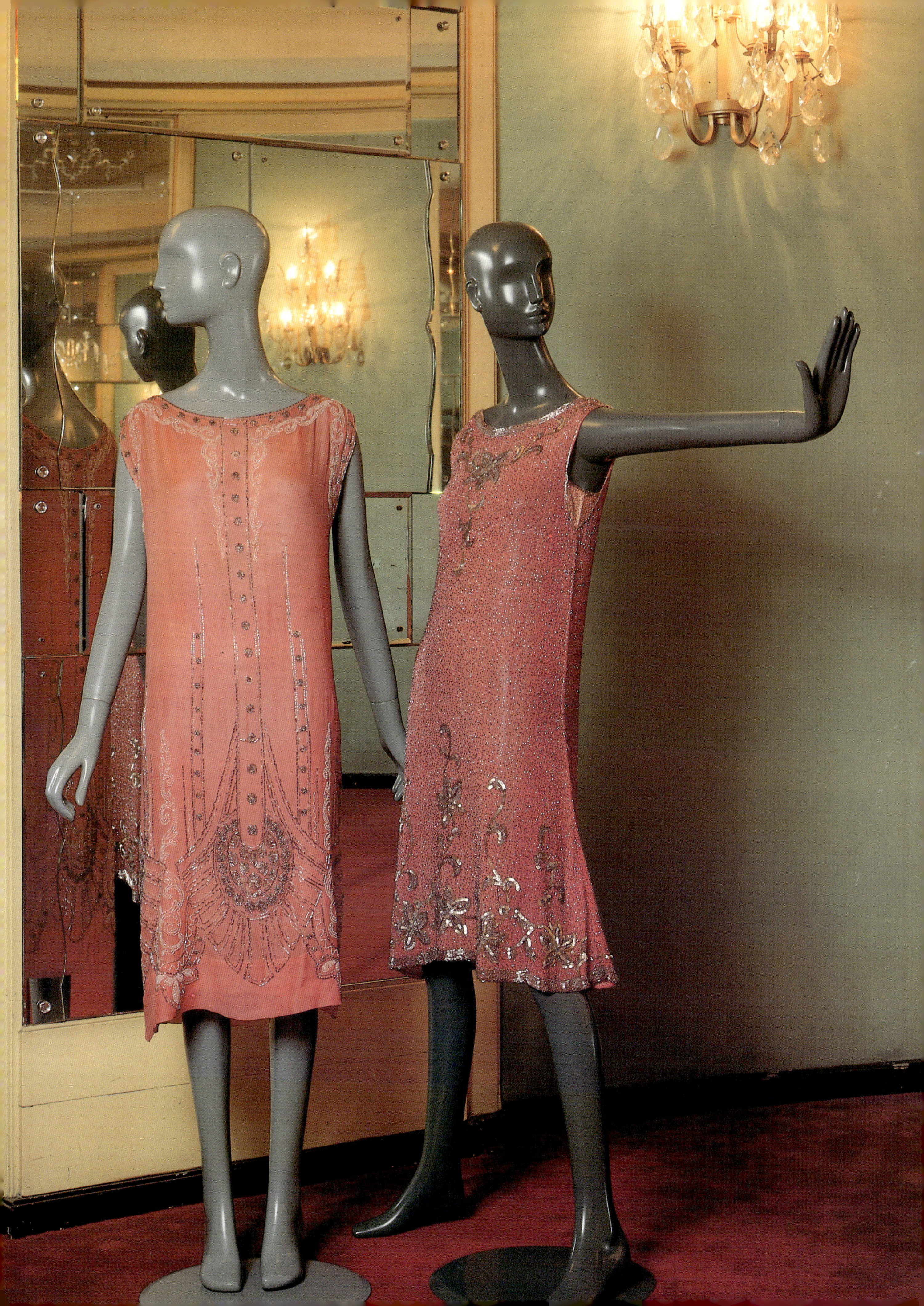

# *Elegantes Tageskleid 1920–22*

*Kat. Nr. 27*
*Graubrauner Kunstseidenjersey*
*mit Paisleymuster bedruckter*
*Sandkrepp, orangeroter Seiden-*
*chiffon*
*Länge: 116 cm*
*Vermutlich Berlin, Hausschneiderei*
*Inv. Nr.: KGT 89/153*

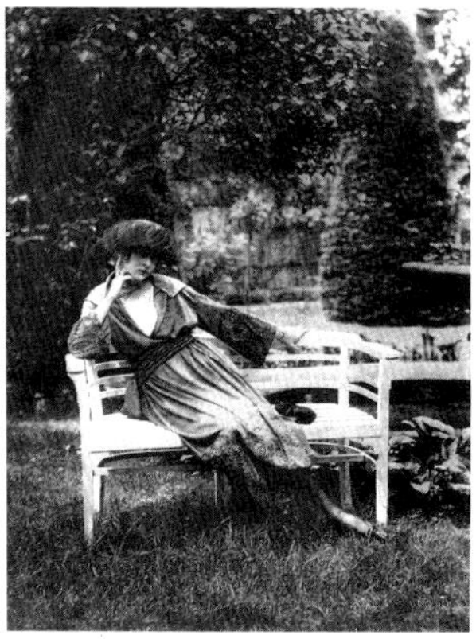

Ein Nachmittagskleid für den Kurort aus mattgrünem Seidentrikot mit türkischer Stickerei. Goldturban mit Tüll. Kleid und Hut: Johanna Marbach, Berlin, Kunstbibliothek SMPK Berlin, Foto: Paulmann-Jungeblut

Das Kleid aus Kunstseidenjersey hat halblange angeschnittene Ärmel und einen Schalkragen, der gerade, leicht geriehene Rock setzt unterhalb der Taille an. Aus dem bedruckten Krepp sind die seitlichen, etwas längeren Rockbahnen, die Ärmelaufschläge und eine Muster-Applikation auf der linken Schulter. Die vordere Mittelbahn wird durch Maschinen-Plattstickerei verziert. Der Schärpengürtel und der Schalkragen sind mit orangerotem Chiffon unterlegt.

Ein ähnliches Kleid des Berliner Modesalons Johanna Marbach war 1920 in der »Dame« abgebildet (H. 19, Juli), vielleicht das Vorbild dieses Kleides.

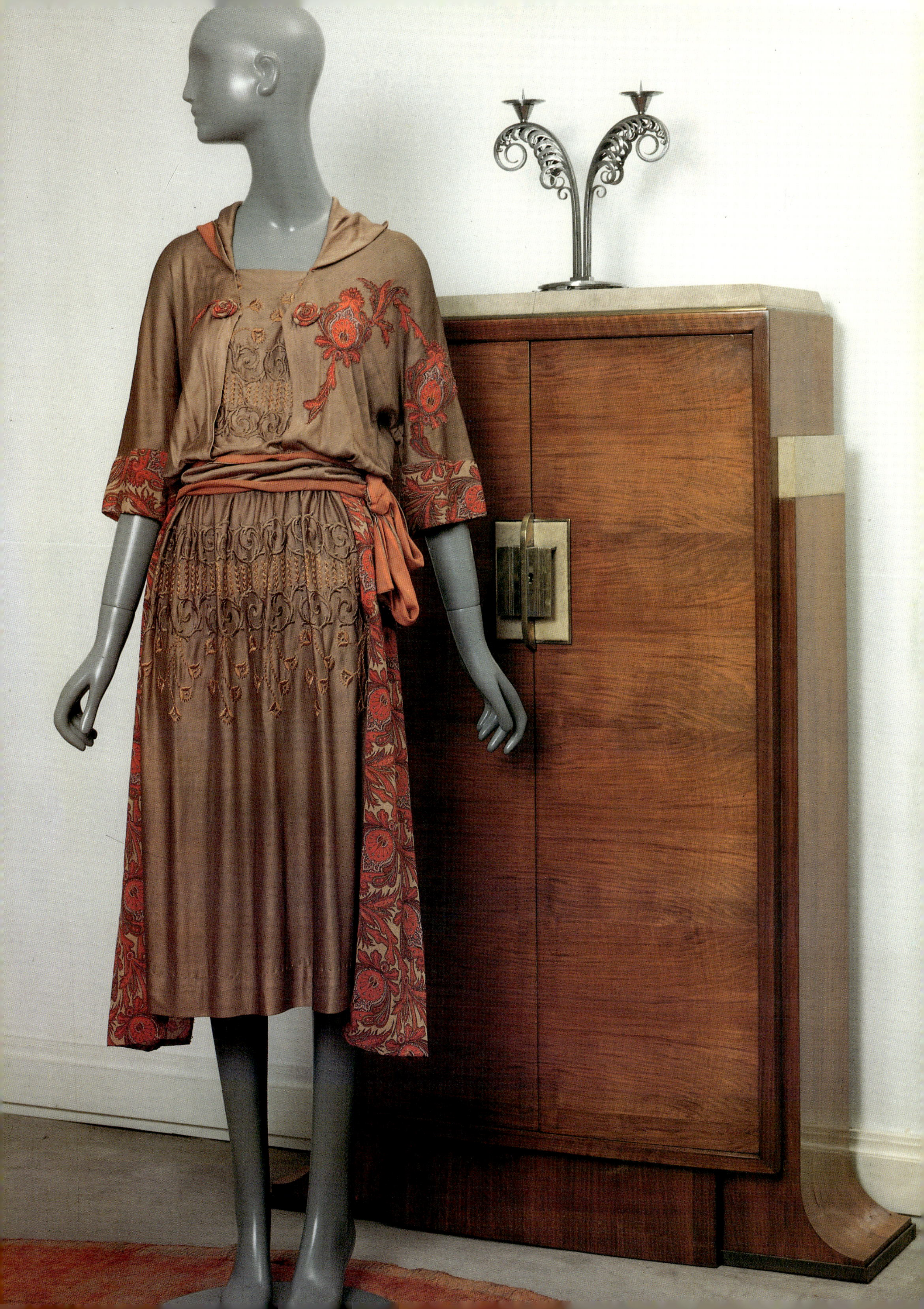

## *Tanzkleid, 1925/27*

*Kat. Nr. 28*
*Zart beige-roséfarbener Crêpe de Chine, Stickerei: Kunstperlen aus Glas, silberfarbene Stabperlen, Straßsteine*
*Vermutlich Berlin*
*Länge: 102 bis 109 cm*
*Inv. Nr.: KGT 89/142*

Das beschwingte Tanzkleid hat ein gerade gearbeitetes Oberteil und bekommt die nötige Weite durch einen großzügigen, tiefangesetzten Glockenrock. Die dekorative Stickerei ist Ton in Ton gehalten. Große weiße Perlblüten in silberfarbenen Rankornamenten sind parabelförmig auf das Oberteil aufgestickt, während acht Bänder, mit demselben Muster bestickt, locker auf den Rock aufgesetzt sind.

## *Hochzeitskleid um 1925*

*Kat. Nr. 29*
*Weiße Kunstseidenspitze, in Art des Point de France, Straßschnalle, Unterkleid: weiße Seide*
*In Berlin als Brautkleid gekauft*
*Länge: 104 cm*
*Geschenk Herr Wolfgang Schumann*
*Inv. Nr.: KGT 78/4*

Im Gegensatz zu dem beschwingten Tanzkleid umspielt das Spitzenkleid den Körper nicht zu sehr. An das typische, geradefallende Oberteil setzt in Hüfthöhe ein geriehener Rock an, der seitlich mit einem Wickeleffekt versehen ist. Diese Stelle wird in Hüfthöhe von einer dekorativen Straßschnalle betont.

Beide Kleider zeigen die von 1925 bis 1927 möglichen Varianten, einem Kleid Schwung und Leichtigkeit zu verleihen: das ist einmal die Glocke und zum anderen der geriehene Rock. Vor allem die glockigen Formen waren bei Tanzkleidern beliebt.

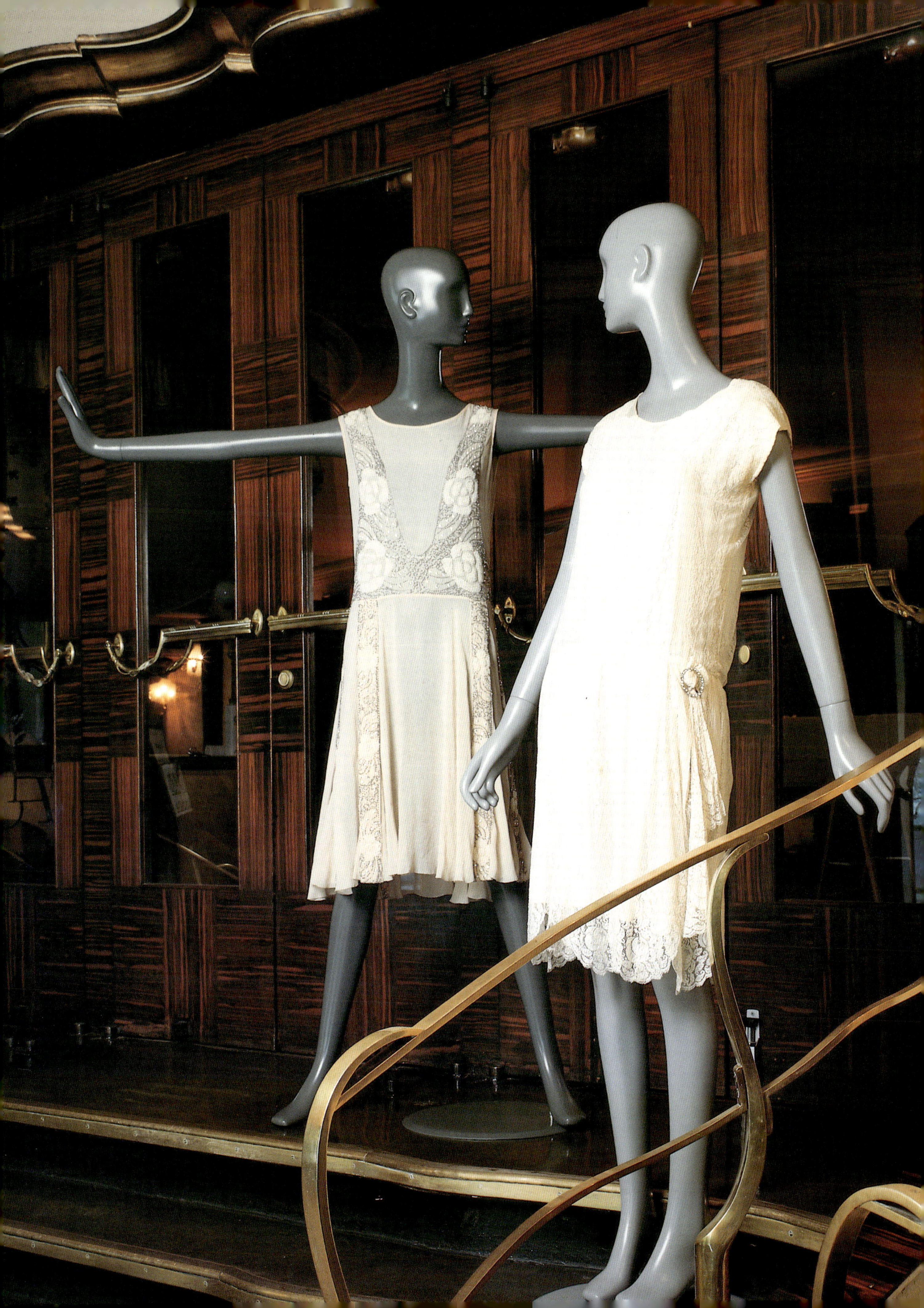

## *Abendkleid um 1924/25*

*Kat. Nr. 30*
*Roter Seidensamt, mattroter Crêpe Georgette, verschiedene silberfarbene Perlen*
*Vermutlich Berlin*
*Länge: 108 cm*
*Inv. Nr.: KGT 89/181*

Besonders am Abend versuchte man, den einfachen Hemdschnitt zu beleben; sehr beliebt waren asymmetrische, längerzipfelnde oder drapierte Stoffbahnen. Hier ist dem schmalen ärmellosen Hemdkleid, das vorn flach, hinten tief spitz ausgeschnitten ist, in Hüfthöhe hinten und seitlich ein reich eingeriehener Überrock aufgesetzt, der rechts wesentlich länger herabfällt als die sonstigen Rockpartien. Die mit silberfarbenen Perlen ornamental bestickte Vorderbahn ist aus Crêpe, das übrige Kleid aus Seidensamt gearbeitet.

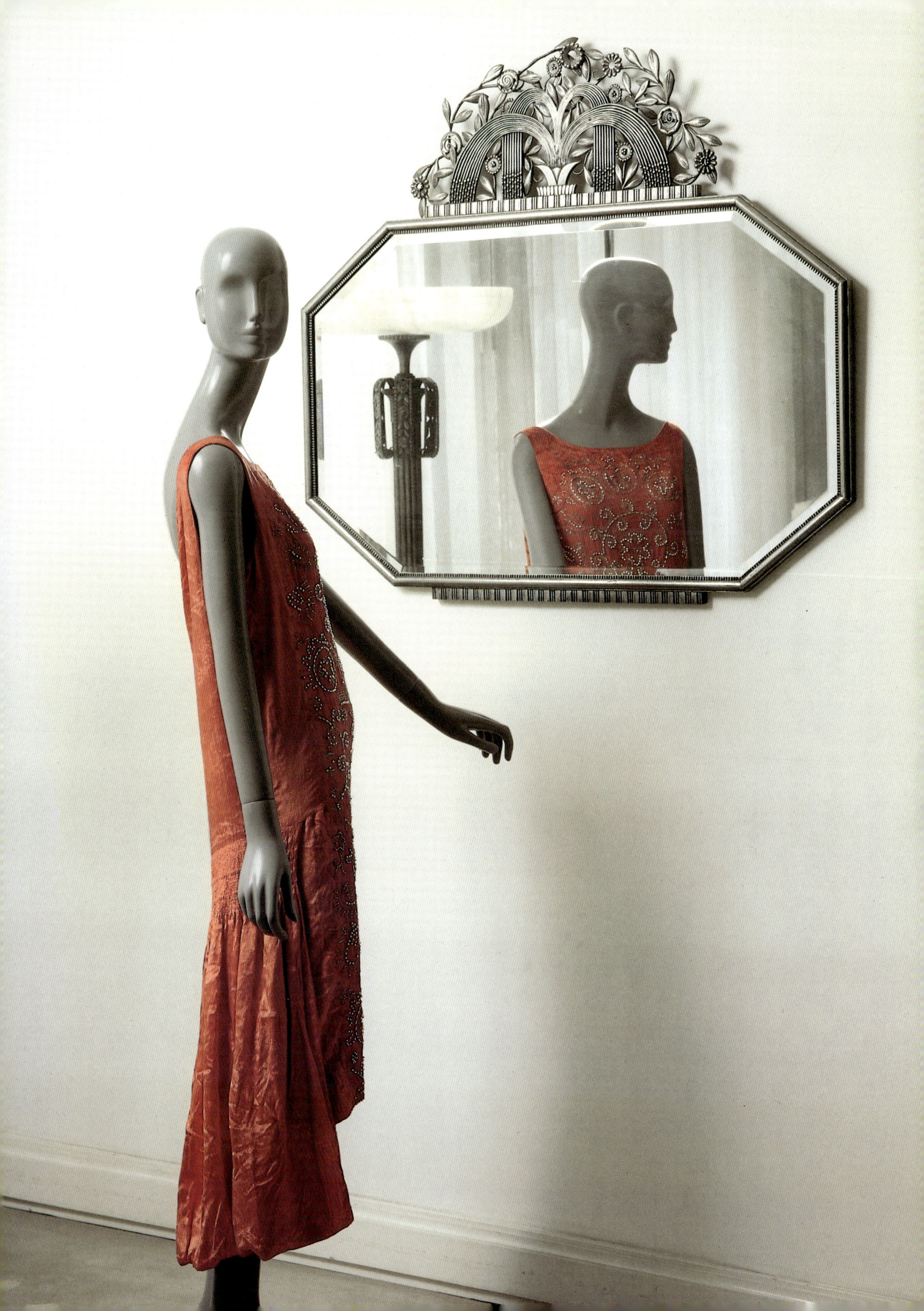

## *Großes Gesellschaftskleid 1924/26*

*Kat. Nr. 31*
*Schwarzer Baumwolltüll, vollständig mit schwarzen, silbergrauen und stahlblauen Pailletten bestickt*
*Unterkleid: Schwarzer Crêpe Satin, mit schwarzer Brüsseler Spitze besetzt*
*Vermutlich Berlin*
*Länge: 109 cm*
*Inv. Nr.: KGT 89/136*

»Wie ein Schlangenkörper in seiner schillernden Haut sind die Bewegungen unter dem Stoff erkennbar«, berichtet die »Modenwelt« im Januar 1926. Der Eindruck einer »Schlange« wird auch durch das expressive Zackenmuster, das sich fast über das ganze, gerade gearbeitete Kleid erstreckt, betont. Zwei Handbreit über dem Saum werden die Zacken von einer breiten, geraden Paillettenborte aufgefangen.

## *Tanzkleid, 1925/27*

*Kat. Nr. 32*
*Blauvioletter Baumwolltüll, blau und blauchangierende sowie rosa Pailletten, silberne Stab- und Rundperlen, Unterkleid ergänzt*
*Eventuell Rudolph Hertzog, Berlin*
*Länge: 104 cm*
*Inv. Nr.: KGT 88/2*

Auch dieses Kleid ist flächendeckend mit Pailletten bestickt, die sowohl Ober- als auch Unterteil mit senkrechten Streifen schmücken. In Hüfthöhe deutet eine Stickerei aus Stab- und Rundperlen einen Gürtel an und unterbricht gleichzeitig die Streifen. Die Seitennähte sind beidseitig 23 cm lang offen, damit hatte die Trägerin Bewegungsfreiheit beim Tanzen.

Ein stilistisch sehr ähnliches Kleid, dessen Materialien, Pailletten und Tüll, ebenfalls identisch sind, befindet sich im Berliner Kunstgewerbemuseum. Es ist ein Modellkleid von Rudolph Hertzog. Daher könnte auch das Kleid des Berlin Museums ein Hertzog-Modell sein.

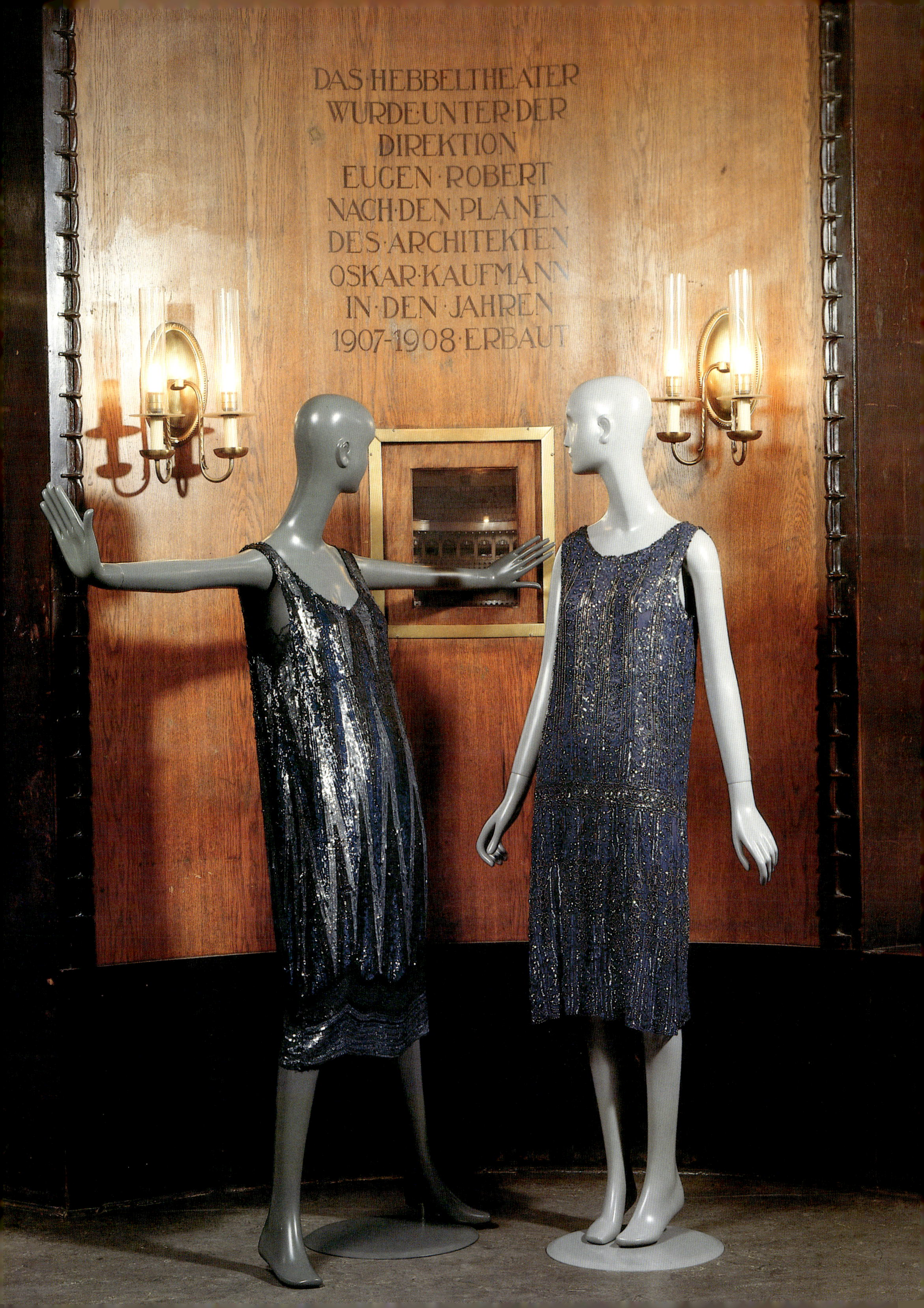
DAS·HEBBELTHEATER
WURDE·UNTER·DER
DIREKTION
EUGEN·ROBERT
NACH·DEN·PLÄNEN
DES·ARCHITEKTEN
OSKAR·KAUFMANN
IN·DEN·JAHREN
1907-1908·ERBAUT

# *Abendkleid Herbst/Winter 1924/25*

*Kat. Nr. 33*
*Grüner Crêpe Marocain, Stickerei: verschiedene gold- und silberfarbene Glasperlen, irisierende Plättchen aus Kunststoff und grüne Glassteine in goldfarbenen Metallfassungen, Unterkleid ergänzt*
*Modell: Glaser & Goetz, Berlin*
*Länge: 119 cm*
*Inv. Nr.: KGT 89/147*

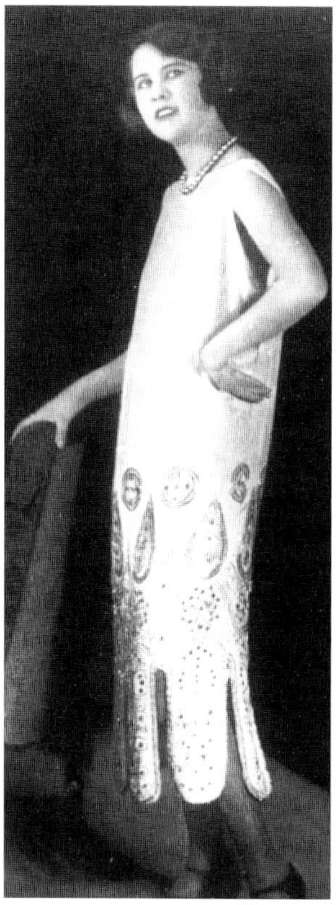

»Hemdkleid aus glänzender hellblauer Seide, mit reicher Perlenstickerei. Der untere Saum des Kleides ist in Rundbögen geschnitten. Mod.: Glaser & Goetz, Berlin«. Aus: »Die Dame«, Heft 5, 1924/25, Kunstbibliothek SMPK Berlin, Foto: Paulmann-Jungeblut

Das Kleid aus dem Besitz einer Berliner Sängerin ist typisch für die modische Linie der Herbst/Wintersaison 1924/25. Noch fallen die Kleider völlig glatt, ohne Unterbrechung am Körper herab. Die Rocklänge ist allerdings in die Höhe gerutscht, sie endet etwa in Wadenmitte. Trotz seiner geraden Linie ist das Kleid raffiniert gearbeitet. Es hat vorn einen flachen, runden Ausschnitt, doch hinten reicht ein tiefer, spitzer Ausschnitt bis in die Mitte des Rückens. Sicherlich sollte das Kleid zum Tanzen getragen werden, darauf weisen die Zaddeln hin, die über den Knien beginnen und die nötige Bewegungsfreiheit geben, um Shimmy, Black Bottom oder Charleston, der 1925 groß in Mode kommt, tanzen zu können. So einfach der Schnitt ist, so aufwendig ist die sonstige Gestaltung. Das frische Grün des Stoffes kontrastiert mit der üppigen Stickerei. In senkrechten Reihen wechseln sich ornamental ausgefüllte Kreise und Tropfen ab. Die Stickerei beginnt in Hüfthöhe, wird nach unten immer dichter und endet mit den Zaddelsäumen.

Die Verarbeitung des Kleides ist hervorragend, alle Zaddeln sind mit demselben Stoff doubliert, was bei Kat. Nr. 32 unterlassen wurde. Daher konnte sich die Trägerin an den Metallfassungen nicht die teuren »Etams«, die Seidenstrümpfe, zerreißen. Auch alle Nähte sind sehr sorgfältig umgenäht. So spricht die exklusive Verarbeitung für die außergewöhnliche Qualität des Berliner Salons Glaser & Goetz.

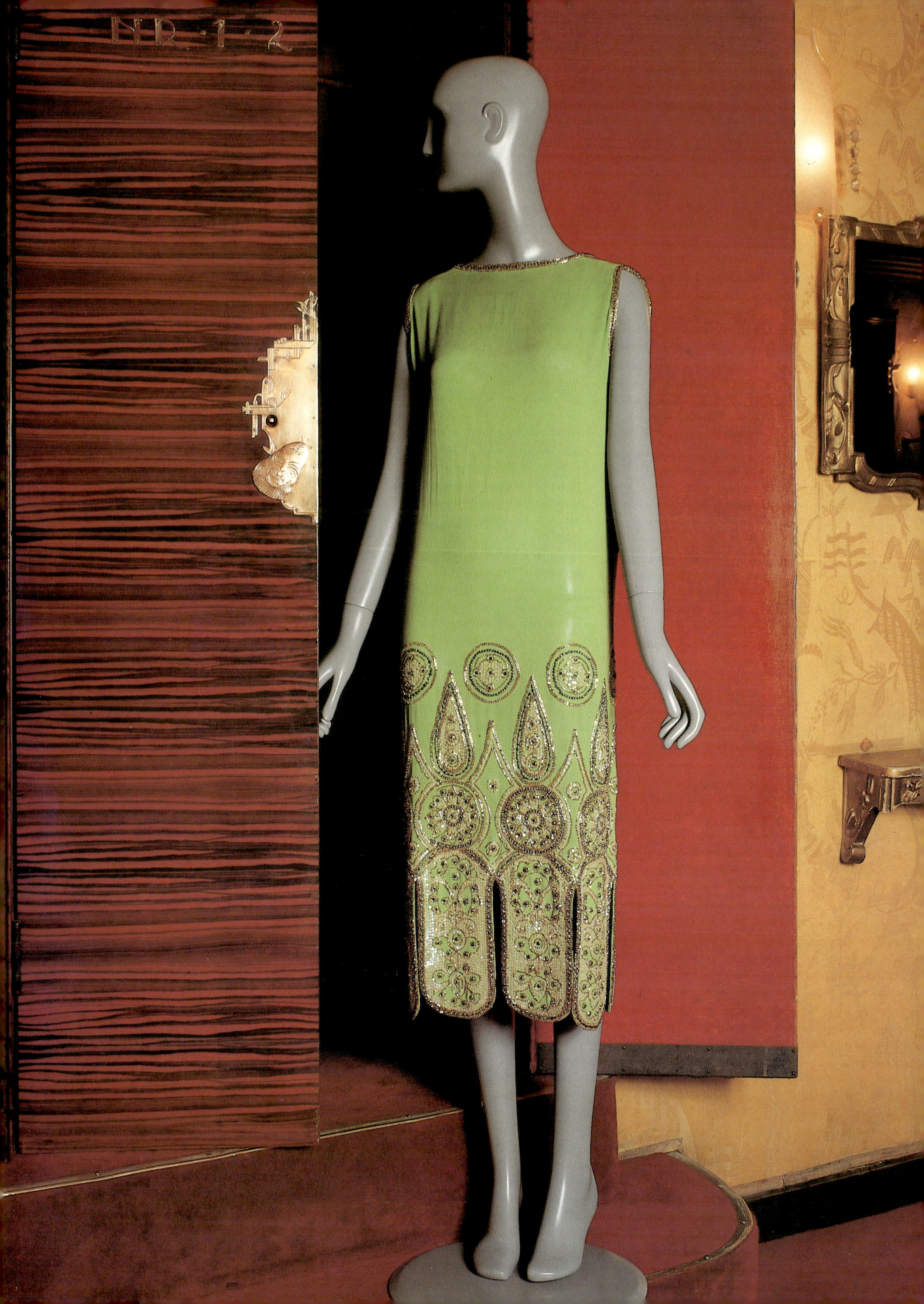
NR-1-2

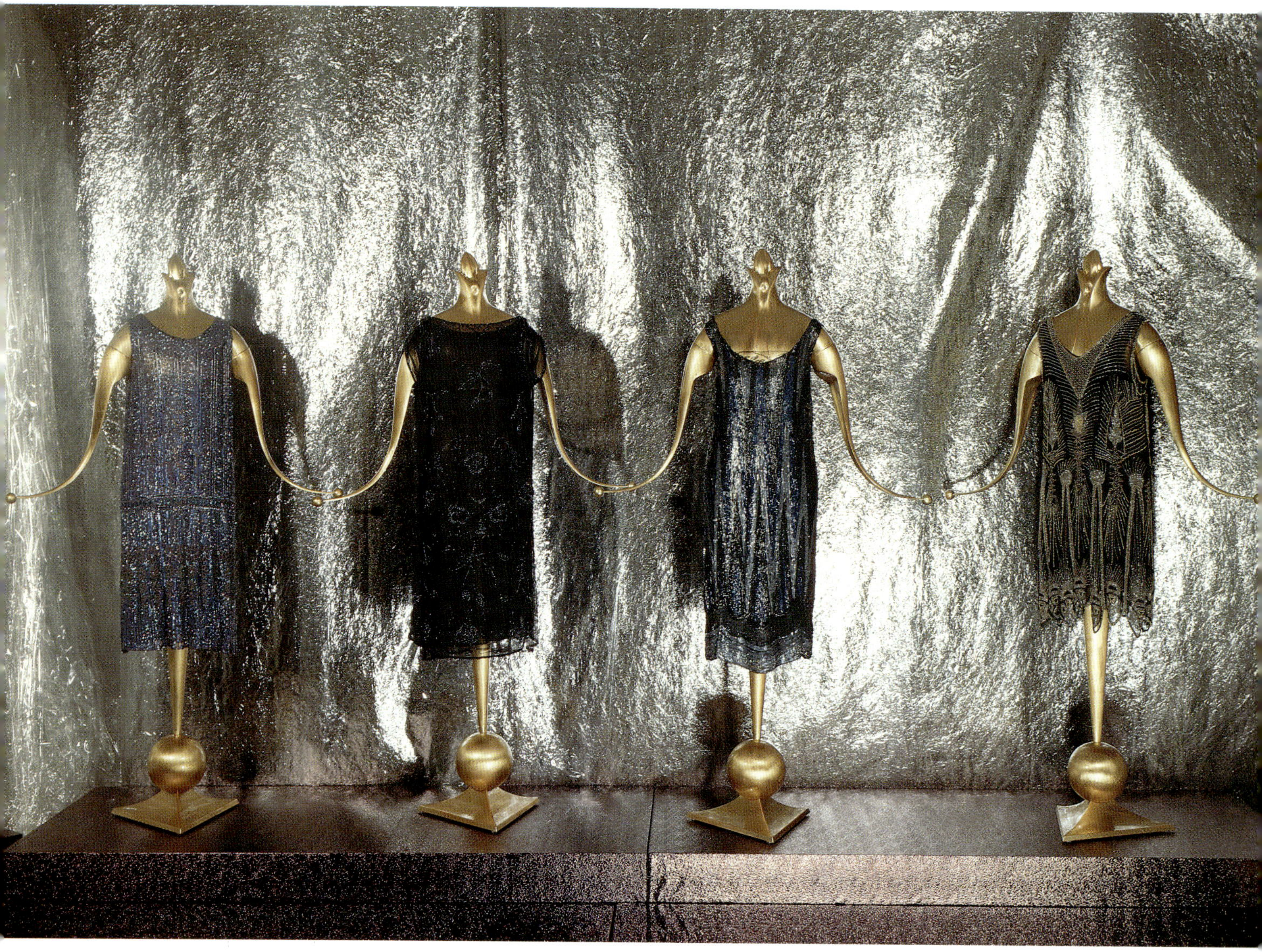

Aufnahme aus der Ausstellung:
»Couture – Konfektion – Varieté
Mode der 20er Jahre aus dem Berlin Museum«
Die Katalog-Nummern: 25, 33, 24, und 39, auf nachgearbeiteten Bellingfiguren.

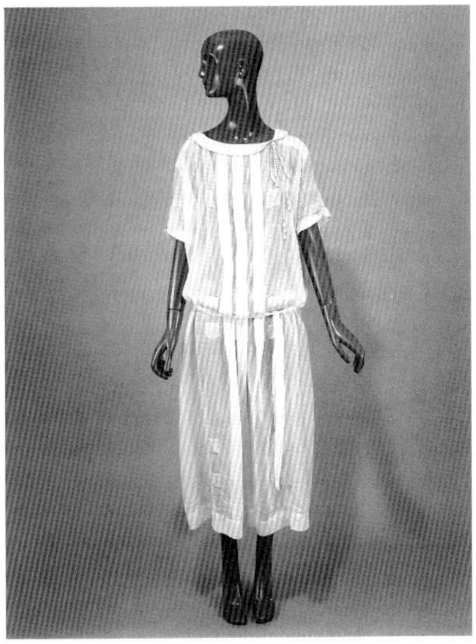

Kat. Nr. 34

34 **Lingeriekleid, 1922/23**
Weißer und zartlila Baumwollbatist
Berlin, Konfektion
Länge: 125 cm, Konfektionsgröße: 50
Geschenk Frau Hanna Beyer
Inv. Nr.: KGT 88/316
Durchgehend geschnittenes zartes Sommerkleid, mit kurzen, eingesetzten Ärmeln und flachrundem Ausschnitt. Vorn und hinten abgesteppte Falten und Biesen. Rechts und links davon im Vorderteil schmale Hohlsaumstreifen, die in kleine Quadrate und Rechtecke unterteilt und zum Teil mit lila Batist belegt sind. Der Charme des Kleides liegt vor allem in der asymmetrischen Kragenlösung, deren lila Paspelierung, zur Schleife gebunden, herunterhängt und mit kleinen Kugeltroddeln versehen ist. Mit einem langen Bindegürtel wurde die Weite auf der Hüfte zusammengehalten und das Oberteil blusig geschoppt.

35 **Lingeriekleid, 1921**
Weißer Baumwollbatist, Weißstickerei, Schiffchenarbeit
Berlin, Hausnäherei
Länge: 111 cm
Geschenk Frau Ursula Klein
Inv. Nr.: KGT 88/148
Die ehemalige Besitzerin des Kleides, Frau Gertrud Wicke, hat sich dieses Kleid anläßlich der Silberhochzeit ihrer Eltern selbst genäht. Zu diesem Zweck hat sie nach dem Heft »Schiffchenarbeit II« von Emmy Liebert, Verlag Otto Beyer, Leipzig, die Schiffchenarbeit erlernt. Insgesamt hat sie für Schiffchenarbeit, Stickerei und Näherei ein halbes Jahr benötigt.
Frau Wicke hat sich ein typisches »Lingeriekleid«, also ein »Wäschekleid« genäht, wie sie gern in den Sommermonaten getragen wurden. Es ist, der Linie der frühen 20er Jahre entsprechend, gerade und lose fallend gearbeitet, hat einen flach-runden Ausschnitt und angeschnittene Ärmel. Die Taille scheint geriehen, doch wird dieser Eindruck von einer Querfalte hervorgerufen, mit der das Kleid einmal verkürzt wurde. An der Ausschnittkante und den Ärmelkanten sowie im Rock unterbrechen filigrane Streifen aus Schiffchenarbeit, mit Blüten bestickt, den zarten Batist. Sechs Hohlsaumreihen zieren die Mitte von Vorder- und Rückteil. Vermutlich wurde die Weite wie bei Kat. Nr. 27 mit einer Schärpe auf der Hüfte festgehalten und das Oberteil blusig geschoppt.

36 **Zweiteiliges Sommerkleid, um 1922/23**
Rosarote Japanseide
Oberteil Länge: 53 cm,
Rock Länge: 76 cm
Berlin, Hausschneiderei
Geschenk Frau Hanna Beyer
Inv. Nr.: KGT 88/315
Über dem weiten geriehenen Rock, der an einem hemdartigen Oberteil aus weißem Tüll hängt, liegt ein lockeres, im Rücken geknöpftes Oberteil mit kurzen Puffärmeln und einem breiten Ausschnitt. Diesen rahmt ein weißer Spitzenkragen mit einer Schleife aus grauem Samtband; ein gleiches Band bildet den Taillenabschluß.

37 **Abendkleid, um 1923**
Schwarzer Crêpe Georgette, schwarze und blaue Glasperlen
Länge: 130 cm
Vermutlich Berlin
Inv. Nr.: KGT 89/135
Das lange, gerade Kleid ist ein gutes Beispiel für die Modelinie von 1923. Die Seitennähte sind bis in Kniehöhe, die kurzen Ärmel auf der Außenseite geschlitzt. Bis auf die Ärmel ist das Kleid ornamental perlbestickt. Möglicherweise wurde zu dem Kleid in Hüfthöhe eine drapierte Schärpe getragen.

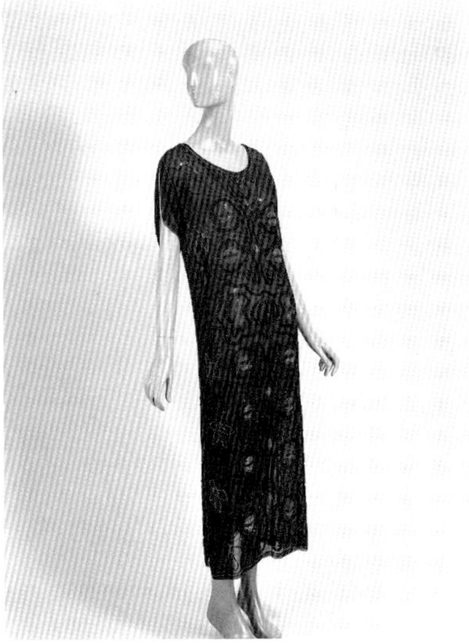

Kat. Nr. 37

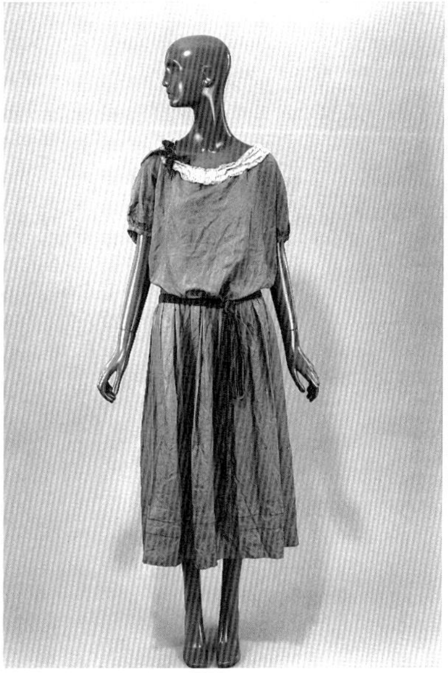

Kat. Nr. 36

38 **Nachmittagskleid, 1924/25**
Goldgelber Baumwollsamt und Crêpe de Chine, weiße Tüllkombinationsspitze, Stickerei aus weißen und metallisch-braunen Glasperlchen
Vermutlich Berliner Hausschneiderei
Länge: 114 cm
Inv. Nr.: KGT 89/170
Gerade gearbeitetes Kleid, dessen vorderes und hinteres Mittelteil aus Samt, die Seitenteile aus Crêpe de Chine gearbeitet wurden. Die Schultern sind aus Spitze, die vorn und hinten in einem V-Ausschnitt endet. Dieser Aus-

schnitt wird von einer perlbestickten Borte gerahmt, die in zwei Bindebänder ausläuft. Seitlich betonen zwei breite Spitzenvolants die Hüften. Darüber halten zwei perlbestickte Samtspangen die Weite des Crêpe de Chine etwas ein.

39 **Abendkleid, um 1926**
Orangefarbener Crêpe Romain,
Stickerei aus orangefarbenem
Seidengarn, Silberfäden, milchigen,
farblosen und silberfarbenen
Glasperlen und Straßsteinen
Berlin
Länge: 112 cm
Inv. Nr.: KGT 89/146
Gerade gearbeitetes Hemdkleid, mit flachem, vorn etwas tieferem Ausschnitt. Sehr typisch ist der in viele Zungen aufgeschnittene Rock, die dem Kleid Bewegung verleihen. Die Stickerei des Rockteils nimmt die Zaddelform auf, so daß der Eindruck eines angesetzten Rocks entsteht. Die Stickerei um Hals- und Armausschnitten erinnert an indische Motive.
Im Juni 1926 berichtete die »Elegante Welt«: »Ganz gerade Kleider, wie wir sie vor zwei Jahren kannten, aus farbigem Crêpe Romain, werden wieder wie einst mit farbigen oder Kristallperlen bestickt. Das Dekolleté ist bescheidener geworden.« Dies spricht im Gegensatz zu Kat. Nr. 26 für die Entstehungszeit 1926.

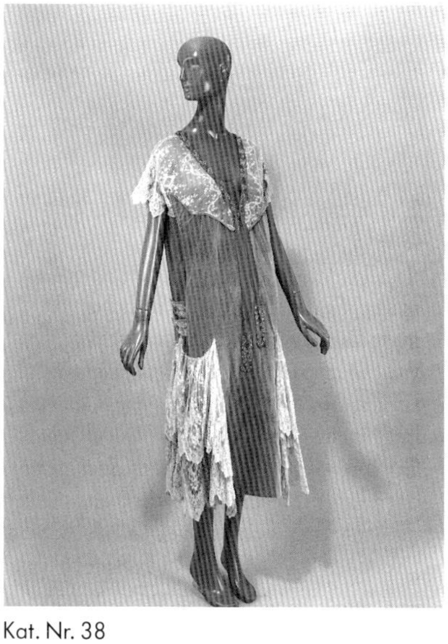

Kat. Nr. 38

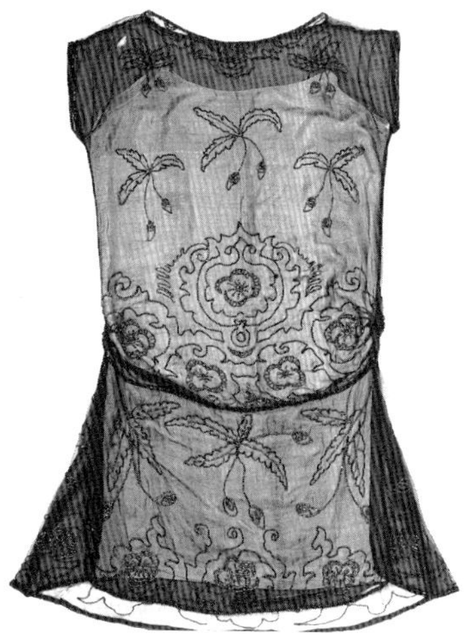

Kat. Nr. 40

40 **Abendkleid, um 1925**
Crêpe de Chine, Stickerei aus
schwarzen Perlen, Unterkleid ergänzt
Vermutlich Berlin
Länge: 104 cm
Inv. Nr.: KGT 89/138
Der zweiteilige Rock dieses locker fallenden Kleides setzt sehr tief an, dadurch wirkt das ärmellose Oberteil mit dem flachen Ausschnitt gerade. Alle Kanten sind durch Perlstreifen betont, die gesamte Fläche ist mit linear-floralen Ornamenten bedeckt. Die Schultern können durch Perlbänder gerafft werden
(Aus restauratorischen Gründen konnte das Modell nicht auf einer Figurine fotografiert werden.)

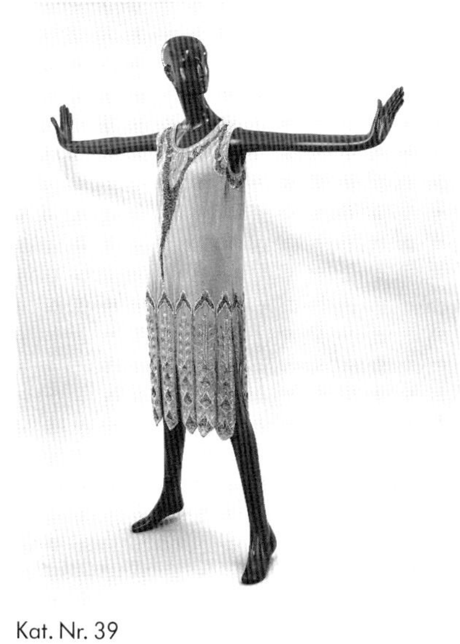

Kat. Nr. 39

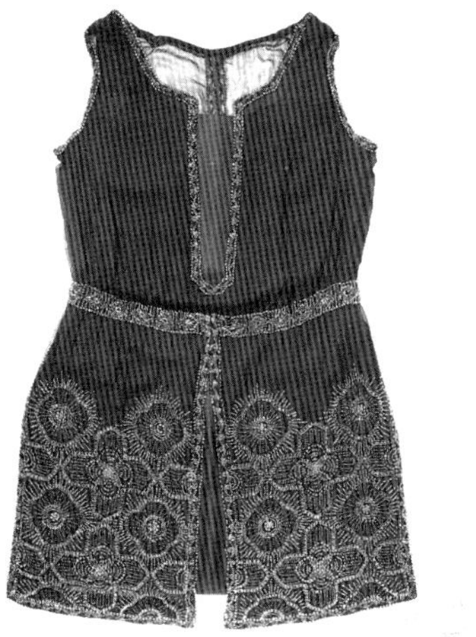

Kat. Nr. 41

41 **Abendkleid, um 1925**
Crêpe Georgette, Stickerei:
unterschiedlich große, grauglitzernde
Glasperlen
Vermutlich Berlin
Länge: 105 cm
Inv. Nr.: KGT 89/141
Rund ausgeschnittenes, ärmelloses Kleid mit tief ansetzendem Rock; es ist vorn in der Mitte offen und nur an Ausschnitt und Rockansatz zusammengefaßt. Alle Kanten sind durch breite Stickerei betont, auf dem Rock sind Vierpaßmuster dicht aneinandergereiht.
(Aus restauratorischen Gründen konnte das Modell nicht auf einer Figurine fotografiert werden.)

42 **Sommerliches Nachmittagskleid, um 1925**
Graugrüner Kunstseidenfaille, Tüllspitzenstoff, ebenfalls Kunstseide in
Bordürenmuster; eine rosa Stoffblüte
Berlin, Konfektion
Länge: 109 cm
Inv. Nr.: KGT 90/34
Das Kleid zeigt in allen Details eine für 1925 sehr typische Form. Sein Oberteil fällt nicht nur gerade, sondern blusig. Dies wird betont durch die leicht überschnittenen Schultern und die Fältchen an den vorderen Schulternähten. Der mit Tüllspitze belegte, geriehene Rock setzt in Hüfthöhe an. Diese Ansatzstelle wird von einem lose gelegten Gürtel im selben Stoff betont. Seitlich links endet der Gürtel in einer Schluppe. Sehr typisch ist auch der

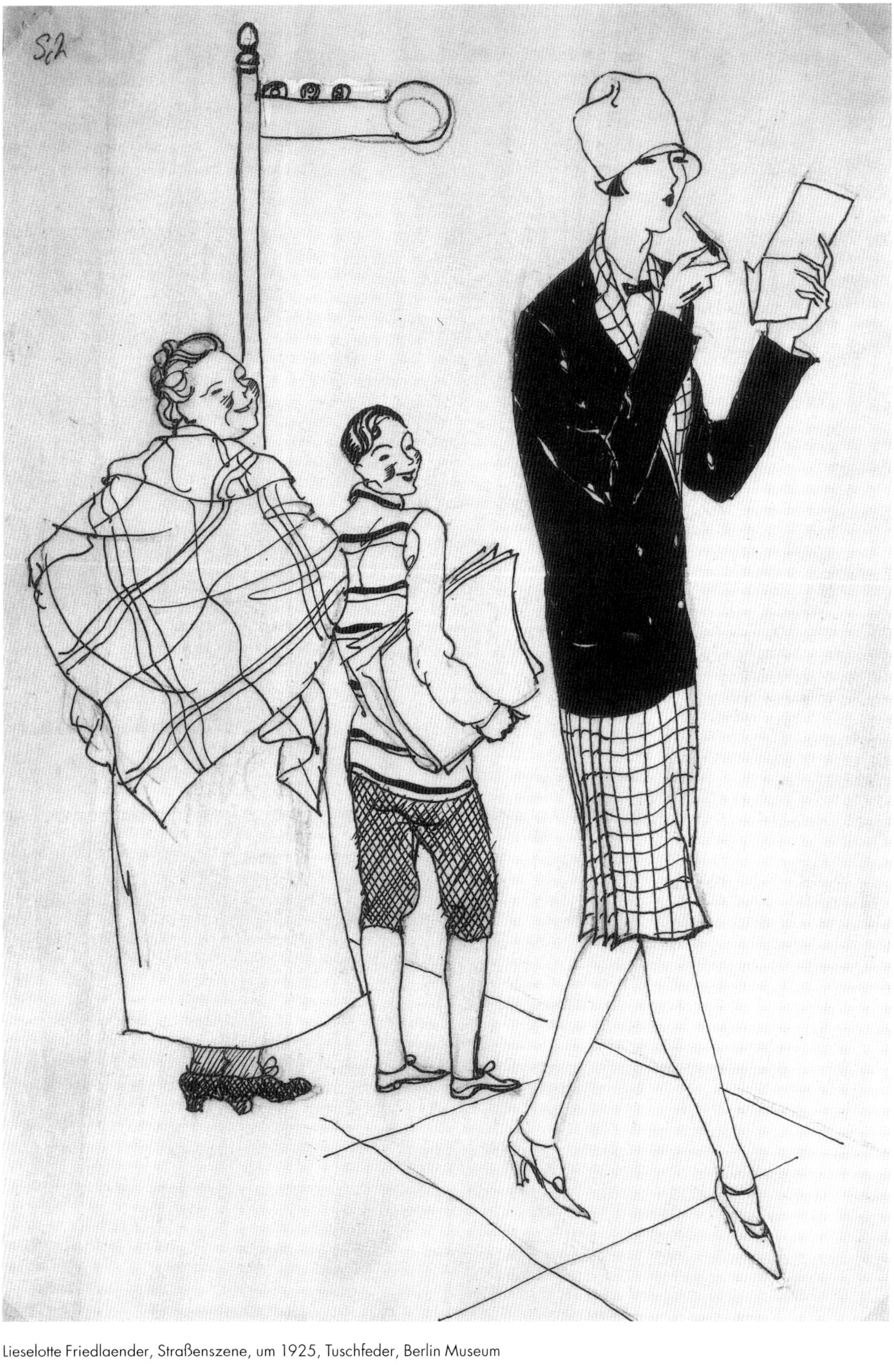

Lieselotte Friedlaender, Straßenszene, um 1925, Tuschfeder, Berlin Museum

kleine Kragen um den eckigen Ausschnitt. Den farblichen Kontrast setzt eine große Stoffblüte auf der linken Schulter.

43 **Sommerliches Jackenkleid, 1925/26**
Graugrüner Crêpe Georgette
Kleid Länge: 101 cm,
Jacke Länge: 68 cm
Vermutlich Berlin, Konfektion
Inv. Nr.: KGT 89/180
Ein ärmelloses, spitz ausgeschnittenes Kleid mit tief angesetztem Rock ist mit einer geraden verschlußlosen Jacke kombiniert. Diese hat lange gerade Ärmel, ihre Kanten sind durch breite Blenden betont. Das Kleid erhält durch zwei breite aufgesetzte Rockstufen Schwung (sie waren ursprünglich plissiert), in der vorderen Mitte sitzt eine Schleife auf einer strahlenförmigen Abnähergruppe. Den spitzen Ausschnitt rahmt eine schmale Spitzenkante mit einem kleinen elfenbeinfarbenen Jabot.

44 **Nachmittagskleid, um 1925/26**
Kastanienbrauner Crêpe Satin,
mattbrauner Spitzenstoff,
Gürtelschnalle aus Kunststoff
Länge: 109 cm
Vermutlich Berlin, Konfektion
Inv. Nr.: KGT 89/176
Aufwendig gearbeitetes langärmeliges Kleid mit tiefansetzendem Rock. Das vorn offen wirkende Spitzen-Oberkleid ist auf ein schmales Satin-Unterkleid aufgearbeitet; alle Kanten sind mit breiten Satinblenden eingefaßt. Am Rockansatz ist vorn in der Mitte eine Schmuckplatte aufgenäht. Sie zeigt auf ockerfarbenem Grund goldfarbene Verzierungen.

45 **Tanzkleid, 1926/28**
Elfenbeinfarbener Seidensamt, Borte,
silberfarben mit Straßsteinen verziert
Vermutlich Berlin, Hausschneiderei
Länge: 102 cm
Inv. Nr.: KGT 89/182
Langes, schmal am Körper anliegendes Oberteil, der kurze Glockenrock ist tief auf der Hüfte angesetzt. Eine Borte ziert in zwei unterschiedlichen Bögen Vorder- und Rückteil. Der Rockansatz wird in der vorderen Mitte von einer kleinen Schluppe mit Straßschnalle betont.

46 **Tanzkleid, 1926/27**
Schwarzer Crêpe Georgette, goldene und silberne Kugelperlen, grausilberne Stabperlen, kleine, bronzefarbene und graubraune Perlchen
Berlin
Länge: 90 cm
Inv. Nr.: KGT 88/350

Das durchgehend gearbeitete Kleid entfaltet erst in der Bewegung seinen ganzen Reiz. In Anlehnung an den »kinematographischen Stil« von Lucien Lelong, der die Kleider nur in der Bewegung, durch versteckt angebrachte Falten und Godets zum Schwingen brachte, sind in den Rock des Kleides

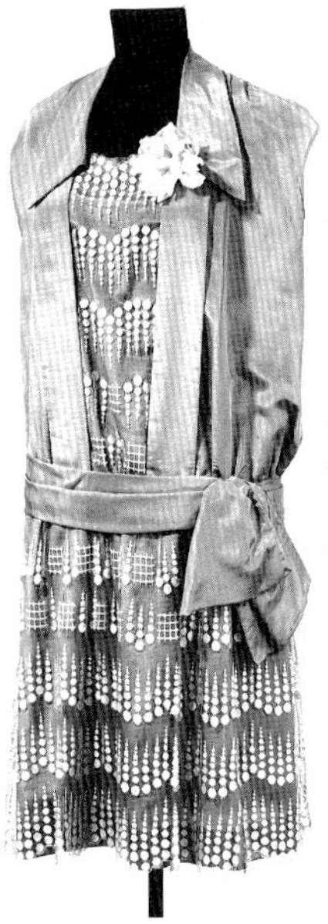

Kat. Nr. 42

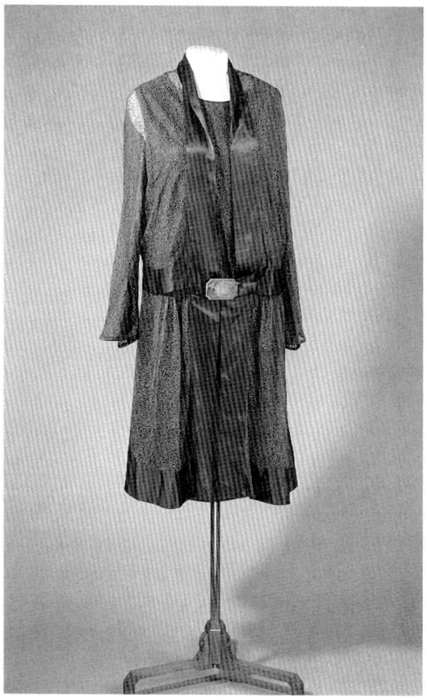

Kat. Nr. 44

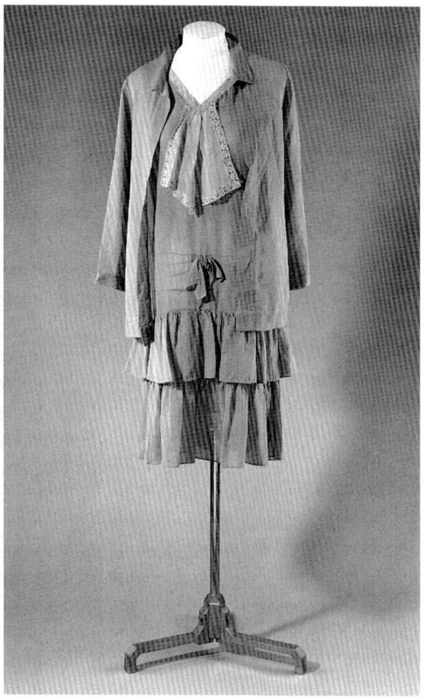

Kat. Nr. 43

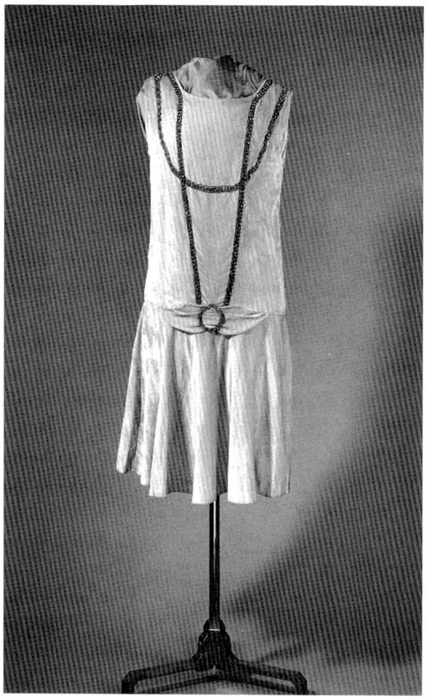

Kat. Nr. 45

acht schmale Godets eingearbeitet, die als spitze Dreiecke von der Perlstickerei betont werden. Die üppige Stickerei überzieht das ganze Kleid mit linearen, strahlenförmigen Mustern, die von einem ovalen Motiv aus Goldperlen in der Mitte des Oberteils auszugehen scheinen.

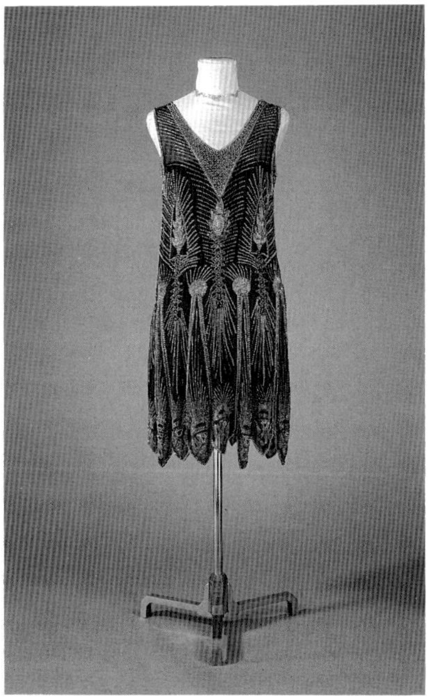

Kat. Nr. 46

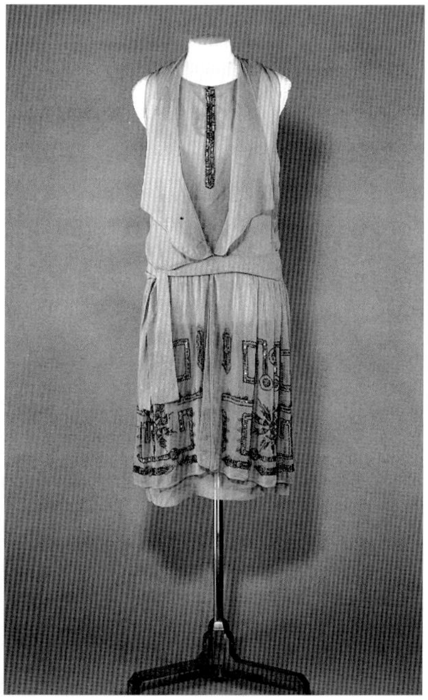

Kat. Nr. 47

47 **Gesellschaftskleid, um 1926/27**
Grauer Crêpe Georgette, Stickerei aus graugrünem Seidengarn, Silberfaden, schwarzen Perlen und silbernen Pailletten
Länge: 107 cm
Vermutlich Berlin, Konfektion
Inv. Nr.: KGT 89/179
Über einem schmalen, ärmellosen und rund ausgeschnittenen Unterkleid wird ein ebenfalls ärmelloses Überkleid mit tief angesetztem Rock getragen, das vorn nur am Rockansatz geschlossen wird. Das Oberteil wird von einem großen, bis zum Rockansatz reichenden Kragen akzentuiert; den dreiteiligen Rock schmücken Stickereien in geometrischen und sternförmigen Mustern. Der Rockansatz wird von einer losen Schärpe aus demselben Material, die seitlich gebunden wird, verdeckt.

48 **Gesellschaftskleid mit Jäckchen, um 1928**
Rosa Kunstseide mit mehrfarbig rosa Blüten bedruckt
Unterkleid: zartrosa Crêpe Georgette
Berlin, eventuell Salon Goetz
Länge des Kleides: 110 cm
Länge des Jäckchens: 46 cm
Unbekannte Schenkung
Inv. Nr.: KGT 82/11
Das zarte Spitzenkleid ist in der Tat »ein Hauch von Nichts, mit einem Wattebausch zusammengehalten«. Es zeigt die ab 1928 in Mode kommende körperbetonte Linie. Den flachrunden Ausschnitt betont ein großer Spitzenvolant, unterhalb der Hüfte ist der Rock ebenfalls mit drei, seitlich offenen und spitz nach unten zulaufenden Volants besetzt, die dem Kleid Bewegung verleihen. Ergänzt wird es von einem Jäckchen, ebenfalls aus Spitze, das als Cape mit eingearbeiteten Ärmeln geschnitten ist, sich daher wie ein großer Volant um den Oberkörper legt.

49 **Varieté- oder Tanzkostüm, um 1925**
Dreiteiliges Kostüm aus hellblauem Crêpe Georgette und Crêpe Chiffon, Flaumfedern in drei Blautönen und große, runde, geschliffene Steine aus blauem Glas. Der Hut ist aus hellblauem Samt gearbeitet, mit denselben Steinen und einer blauen, geknüpften Feder verziert
Vermutlich Berlin
Länge des Oberteils: 29 cm
Länge des Rocks: 86 cm
Inv. Nr.: KGT 89/160
Das knappe Oberteil ist dicht mit Glassteinen bestickt. Die kurzen Ärmel werden von verschiedenfarbigen Federreihen betont. Der Rock aus Chiffon hat ab Hüftmitte drei Volants aus verschieden blauen Flaumfedern. Der Bund ist

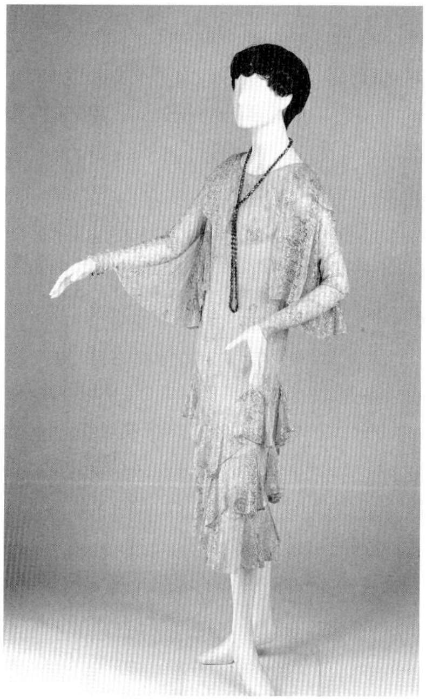

Kat. Nr. 48

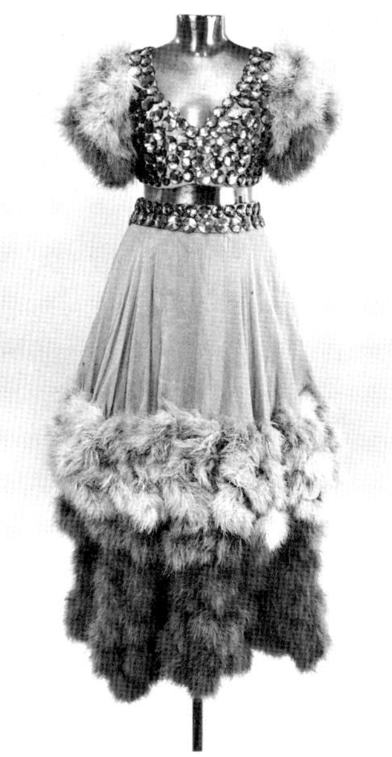

Kat. Nr. 49

mit zwei Reihen Glassteinen besetzt. Das kleine Hütchen wurde keck in die Stirn gesetzt getragen.
Tanz, Varieté und Operette gehörte die große Liebe des Publikums in den 20er Jahren. In den zahlreichen Theatern und Bühnen, die sich dieser Kunst verschrieben hatten, löste eine Premiere, eine Aufführung die andere ab. Internationale Tanzstars vervollständigten das hohe künstlerische Niveau der Darbietungen. Dieses Kostüm, das in Berlin angekauft wurde, könnte daher gut aus einer der zahlreichen Tanz- und Varieténummern stammen.

50 **Matrosenkleid, wohl Bühnenkostüm, um 1925**
Schwarzer Baumwollsatin, weißer Panama, weiße, schwarz gepunktete Seide
Länge: 93 cm
Vermutlich Berlin
Inv. Nr.: KGT 86/12
Eigentlich besteht das Kleid aus drei Einzelteilen – Rock, Bluse und Jacke; diese sind aber durch Stege und Knöpfungen alle miteinander verbunden, so daß man – nimmt man die Kürze des Rocks dazu – auf ein Bühnenkostüm, vielleicht ein Tanzkostüm, schließen kann. Zu einer weißen, langärmeligen Bluse mit Schalkragen wird ein schwarzer Faltenrock getragen, auf den drei weiße Bänder quer aufgesteppt sind. Darüber liegt die knapp hüftlange schwarze Jacke mit langen Ärmeln, verschlußlos und mit weißem, matrosenartigen Kragen. Zum Blusenkragen gehört ein weißes Seidentuch.

51 **Theater-/Kostümkappe, 1920–1930**
Drahtgestell, blaugrauer Satin, gelbsilberner Gitterstoff, blaue Pailletten
Kopfumfang: 58 cm, Höhe: ca. 40 cm
Vermutlich Berlin
Inv. Nr.: KGT 89/227
Einer enganliegenden Kappe aus blaugrauem Satin, mit dem Gitterstoff überzogen, ist in Längsrichtung senkrecht ein dreieckiges Drahtgestell aufmontiert, das auch mit dem Gitterstoff bespannt ist. In der oberen Spitze ist eine Schwalbe aus blauen Pailletten mit roter Kehle und rotem Schnabel aufgenäht.

52 **Theater- oder Revue-Kopfschmuck, 20er Jahre**
Messinggestell mit Straßsteinen und roten, rosa und grünen Glassteinen
Kopfbreite: 32 cm
Inv. Nr.: KGT 89/230
Kopfschmuck für ein wahrscheinlich in Südostasien angesiedeltes Bühnenstück. Er ist aus einzelnen Reifen zusammengesetzt, die eine anliegende Kappe bilden. Über der Stirn ist eine palmettenartige Schmuckagraffe aufgesetzt, flügelartige Teile reichen von den Ohren zum Hinterkopf und drehen sich dort zu einem lockenartigen Ornament hoch. Die Kopfweite kann hinten reguliert werden; der Größe nach könnte der Kopfschmuck auch von einem Mann getragen werden. Eine Zuordnung nach Berlin ist möglich, aber nicht gesichert.

53 **Großer Abendumhang der Diseuse Blandine Ebinger, um 1925**
Goldfarbener Seidentüll, mit in Überfang aufgebrachten Goldfäden (Goldlahn mit Seidenseele), Phantasiespitze: auf einem leinenbindigen Grundgewebe aufgebrachtes, flächendeckendes Muster aus feinen goldfarbenen Metallfäden, Konturen mit dickeren Goldfäden, wie bei Tüll, nachgezogen. Muster in Blattform wurde nachträglich ausgeschnitten.
Länge, Halsmitte bis Saum: 94 cm
Geschenk Frau Blandine Ebinger
Inv. Nr.: KGT 85/53
Der Abendumhang, den Blandine Ebinger zu Vortragsabenden getragen hat, wirkt durch den starken Kontrast der schweren, goldfarbenen Spitze mit dem zarten Tüll.

54 **Schultercape, um 1925**
Weißer Kaninpelz in bogenförmigem Muster geschoren und gepreßt
Futter: weißer Seidensatin, Schmuckverschluß aus Bakelit
Vermutlich Berlin
Länge: 47 cm
Inv. Nr.: KGT 89/163
Schultercape mit großem runden Kragen, der der bogenförmigen Musterung folgt. Vorn wird das Cape mit einer dekorativen schwarz-weißen Schmuckschnalle geschlossen.

55 **Abendjacke, um 1925/30**
Brauner Netzstoff, bestickt mit braunem Chenillegarn, Goldfäden, rosa Perlen; rosa Straußenfederkanten
Länge: 66 cm
Berlin
Geschenk Frau Christel Viertel
Inv. Nr.: KGT 86/55
Gerade, knapp hüftlange Jacke mit langen engen Ärmeln. Die Vorderkante ist im Stickerei-Musterverlauf gebogt, sie wird unsichtbar mit Haken/Ösen geschlossen. Die Ausschnitt- und Ärmelkanten sind mit dichten rosa Straußenfederkanten besetzt.

56 **Abendjacke, 1925–30**
Goldlamé, rote und rosa Perlchen, schwarze facettierte Perlen
Länge: 56 cm
Berlin
Inv. Nr.: KGT 89/121
Einfach geschnittenes, knapp über die Taille reichendes, leicht tailliertes Jäckchen ohne Verschluß. Die Vorderkanten laufen aufeinander zu, die Seitennähte und die Ärmel am Handgelenk sind geschlitzt. Die Jacke ist vollständig mit dunkelbrauner Schnurstickerei und Perlstickerei bedeckt; die stilisierten Motive scheinen chinesischer und indianischer Kunst entlehnt zu sein.

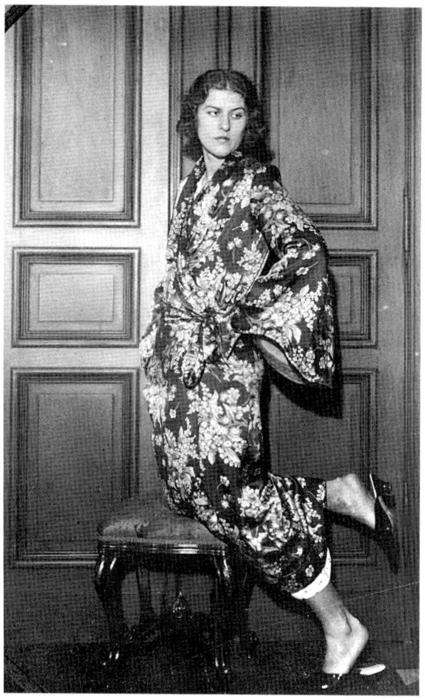

Der geliebte Kimono, 1928/30.
Berlin Museum, Fotosammlung

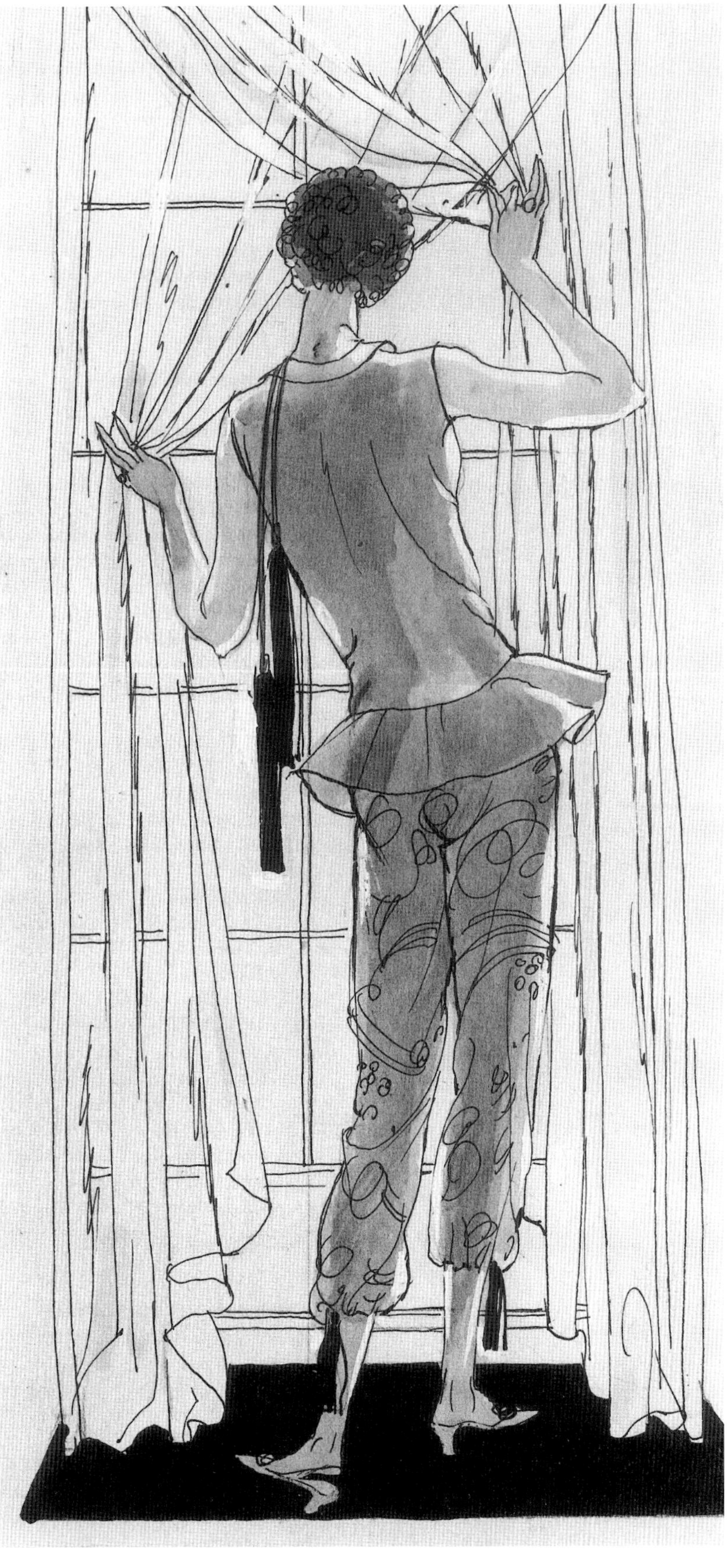

Lieselotte Friedlaender, Dame in Pyjama, um 1925, Tuschfeder, laviert, Berlin Museum

57 **Kimono, um 1925**
Leinwandbindiges Gewebe mit Ripseffekt, aus Kunstseide, Druckmuster in Ochsenblut, Gelb und Orange gestreift, weißer Bambuszweigedruck in Reservetechnik, Futter aus rotem Kattun und altrosa und rosa Seide.
Vermutlich Berlin
Länge: 142 cm
Inv. Nr.: KGT 89/173
Als klassischer Kimono gearbeitete europäische Variante dieses in den 20er Jahren so gerne getragenen Morgengewandes.

58 **Kimono, um 1925/30**
Schwarz-bunt bedruckter Kunstseidendamast
Länge: 127 cm
Berlin
Inv. Nr.: KGT 91/41
Dieser Kimono zeigt die europäische Umformung des japanischen Vorbilds; beibehalten wurden der gerade Ärmelansatz und der Verschluß mit Bändern. Die Ärmel sind aber länger, enger und vollständig eingenäht. Der abgepaßte Reservedruck zeigt zeittypisch stilisierte Blüten.

59 **Seidene Unterwäsche-Garnitur, um 1923**
Zartvioletter Crêpe Charmeux, violette Seidenstickerei
Hemd Länge: 73 cm,
Hose Länge: 47 cm
Vermutlich Berlin
Inv. Nr.: KGT 89/195
Weites Hemd mit angeschnittenen Trägern, die auf beiden Schultern mit Zierknöpfen geschlossen werden. Oberhalb der Taille befindet sich ein locker geknöpfter Durchzuggürtel. Die Hose ist ebenfalls weit geschnitten, sie wird in der Taille durch ein rosa Seidenband zusammengezogen. Alle Kanten sind in großen Zacken gearbeitet, außerdem werden sie durch eine kleingezackte violette Stickereikante abgeschlossen. Violette Stickereimotive befinden sich oben am Hemd und seitlich an der Hose.
Das neue Körperbewußtsein, das mit der Mode der 20er Jahre einherging, brachte auf dem Gebiet der Unterwäsche einschneidende Veränderungen. Die Kleidung, die nun ohne große Stoffmassen gerade am Körper herabfiel, und das Ideal der knabenschlanken Frauenfigur erforderten immer weniger der einst so umfangreichen Dessous. Diese strapazierfähige und unschuldig weiße Wäsche aus Leinen, Baumwolle oder Barchent wurde abgelöst von zarten Träumen aus oft farbigen, mit Spitzen besetzten Seiden. Besonders die Hemdhose, ein verlängertes Hemd, eventuell mit kleinem angearbeitetem Röckchen und einem in der Mitte knöpfbaren Steg, war sehr beliebt und wurde gern getragen.

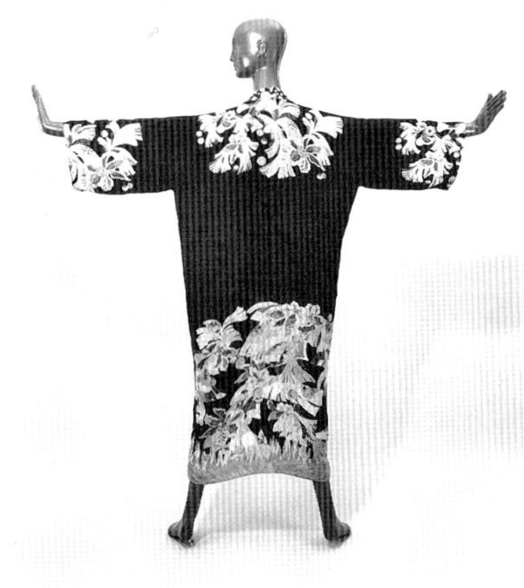
Kat. Nr. 58

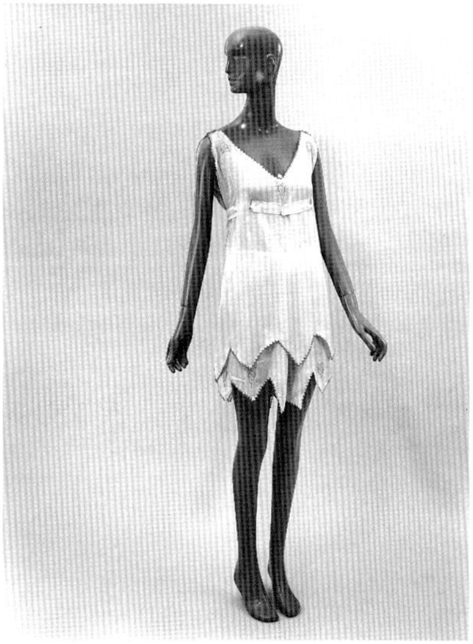
Kat. Nr. 59

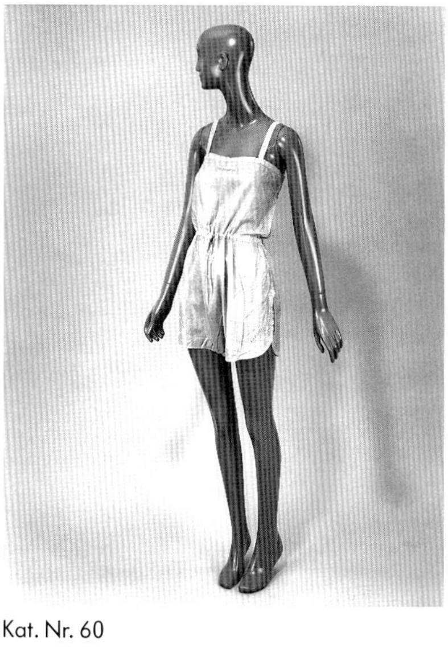
Kat. Nr. 60

60 **Seidene Hemdhose, um 1925/27**
Gelbgraue Japanseide
Länge: 69 cm
Vermutlich Berlin
Inv. Nr.: KGT 89/204
Diese Hemdhose hat Bandträger und ein im Schritt geschlossenes Hosenteil, dessen Seiten hochgeschlitzt sind. Mit Band-Tunneldurchzügen kann die Weite am oberen Abschluß und in der Taille reguliert werden. Gestickte Röschen verzieren Oberteil und seitliche Hosenbeine.

61 **Hemdhose, um 1928**
Schwarzer Baumwolltüll, weiße und hellblaue Kurbelstickerei, schwarze Satinkanten
Aus Berliner Privatbesitz
Etikett: IKA Spezialwäsche, München, Stuttgart, Nürnberg
Länge mit Trägern: 75 cm,
Konfektionsgröße: 44
Inv. Nr.: KGT 85/56
Durchgehend geschnittenes Hemd, im Schritt durch einen Steg aus schwarzem Satin mit Knöpfchen zu schließen. Die Stickerei zeigt weiße und hellblaue Zickzackkanten im Wechsel, die in sich ein Blütenmuster haben. Die obere Kante, Träger und Taillenband sind aus schwarzem Satin gearbeitet.

62 **Damenunterhose, um 1928**
Hellgrüner Seidensatin, cremefarbene Tüllspitze
Berlin
Länge: 50 cm, Konfektionsgröße: 50
Inv. Nr.: KGT 85/57
Unterhose mit weitgeschnittenen Beinen und seitlichem Knopfverschluß. An der Außenseite befinden sich Applikationen aus cremefarbener Tüllspitze.

63 **Gelbe Charmeuse-Kombination, um 1925**
Teerosengelber Charmeuse, cremefarbene Tüllkombinationsspitze
Länge: 71 cm
Vermutlich Berlin
Inv. Nr.: KGT 89/193
Diese Kombination wirkt wie ein Hemdrock, mit Bandträgern und tief ansetzendem eingeriehenen Rock. Innen am Rockansatz setzt ein Hosenteil mit Gummizügen in den Beinen an. Den oberen und unteren Abschluß bilden Spitzenkanten.

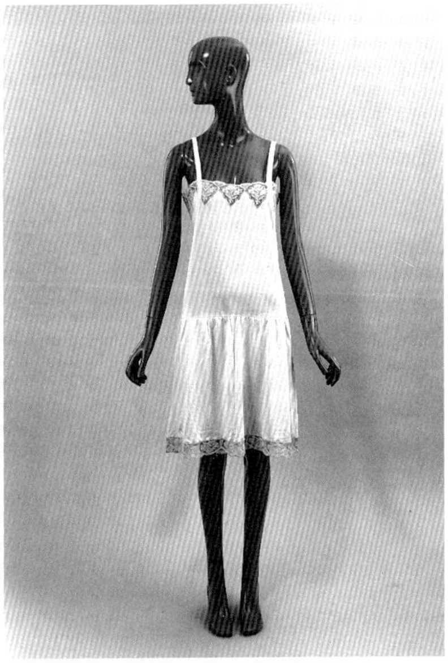

Kat. Nr. 63

64 **Apricotfarbenes Hemdröckchen, um 1925–30**
Apricotfarbene Seide, Brüsseler Spitzenkanten
Länge: 72 cm
In Berlin genäht
Geschenk Frau Ilgenstein
Inv. Nr.: KGT 90/165
Kurzes durchgehendes Unterkleid mit Bandträgern, seitlich in Hüfthöhe gefältelte Rockansätze. Die obere und untere Kante wird mit im Musterverlauf angesetzter Spitze verziert; sie ist mit Hand angesetzt und 7–10 cm breit. Oben links befindet sich ein Monogramm, gegenständiges „F" mit Krone darüber.
Dieses anspruchsvolle Modell stammte aus dem Haus der Großindustriellenfamilie von Friedlaender-Fuld in Berlin (Friedrich Viktor v. Friedlaender-Fuld, geb. 1858 in Gleiwitz, gest. 1917 in Bernau, war einer der bedeutendsten Kohlengrubenbesitzer in Schlesien, er wurde 1906 geadelt.) Eine Verwandte der Stifterin war Gesellschafterin in dem Haus und erhielt gelegentlich getragene Kleidung.

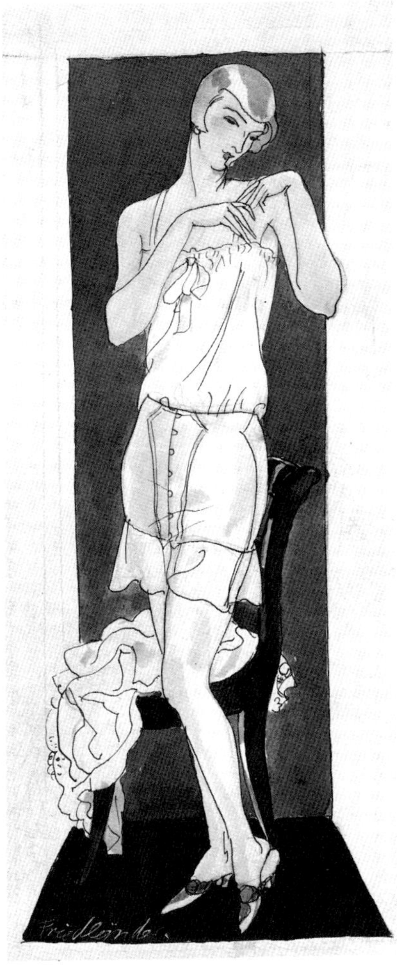

Lieselotte Friedlaender, Unterrock mit Hüftgürtel, um 1925, Tuschfeder, laviert, Berlin Museum

65 **Hemdröckchen**
Berlin, Maßschneiderei
Länge: 70 cm
Geschenk Frau Ilgenstein
Inv. Nr.: KGT 90/165
Das Hemdröckchen aus caramelfarbener Seide mit gleichfarbigen Brüsseler Spitzenkanten zeigt in den Fältelungen auf den Hüften die verlängerte Taillenlinie. Neben der noch weniger auftragenden Hemdhose (auch als Kombination bezeichnet) war das Hemdröckchen eines der für die 20er Jahre typischen neuen Unterkleidungsstücke.
Dieses anspruchsvolle Modell stammte aus dem Haus der Großindustriellenfamilie Friedlaender-Fuld in Berlin (vgl. Kat. Nr. 57).

66 **Gymnastikanzug, 1920–30**
Schwarzes Baumwolltrikot, weißes Bindeband
Berlin, Sporthaus Jordan, Firmenschild im hinteren Ausschnitt
Länge: 85 cm
Geschenk Familie Bröhl
Inv. Nr.: KGT 88/146
Gymnastik wurde in den 20er Jahren zum idealen Frauensport, der im Gegensatz zu Tennis, Golf oder Skifahren kaum etwas kostete, aber trotzdem half, dem modischen Ideal der knabenschlanken Figur möglichst nahe zu kommen.
Der Anzug hat ein gerade gearbeitetes Oberteil mit rundem Ausschnitt, auf der linken Schulter zu knöpfen. Die in Hüfthöhe angesetzten, geriehenen Hosenbeine wurden mit einem Bindfaden zusammengezogen. Es entstand ein Pluderhoseneffekt.

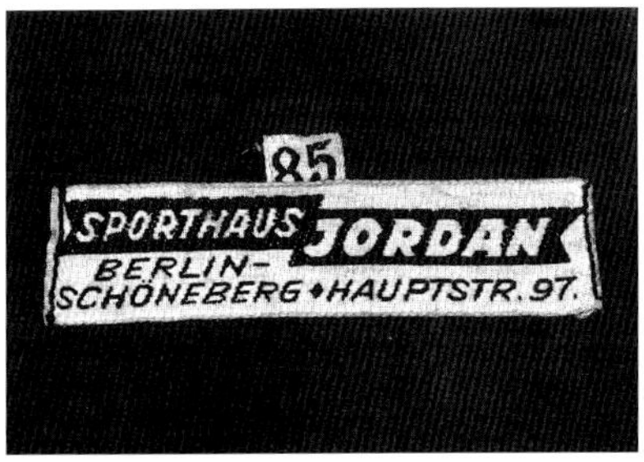


Firmenschild des Sporthauses Jordan, mit Angabe der Konfektionsgröße

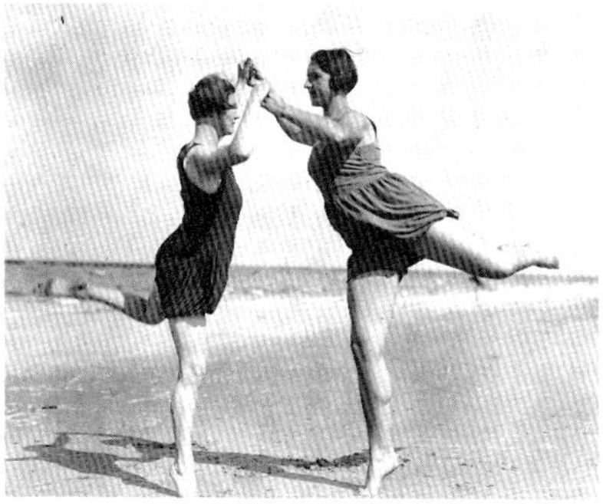

Zwei Turnerinnen in den typischen Gymnastikanzügen, um 1922, Berlin Museum, Fotosammlung

67 **Gymnastikanzug, 1920–30**
Schwarzes Baumwolltrikot
Berlin, Konfektion
Länge: 83 cm
Inv. Nr.: KGT 89/192
Gerades Oberteil mit kleinen angeschnittenen Ärmeln und rundem Ausschnitt, auf der linken Schulter zu knöpfen. In Hüfthöhe angesetzte, geriehene Hosenbeine, die mit einem Bindeband oder Gummizug zusammengehalten werden konnten.

68 **Damen-Badeanzug, 1925–30**
Wolltrikot
Länge: 64 cm
Vermutlich Berlin
Dauerleihgabe Herr Stelter
Inv. Nr.: KGT 88/122
Brauner einteiliger Badeanzug mit angeschnittenen Trägern (auf der linken Schulter geknöpft). Die kurzen angeschnittenen Beine bezeichnet man heute als »Pagenschnitt«. In Taillenhöhe ist ein geometrisches Muster in beige und orange eingestrickt.

69 **Damenbadekleid, um 1920**
Schwarzes Baumwolltrikot, weiße Linonpaspel
Berlin, Konfektion
Länge: 87 cm, Konfektionsgröße: 48
Geschenk Frau Hainke
Inv. Nr.: KGT 89/98
Lockeres Oberteil mit rundem Ausschnitt und angeschnittenen Trägern, auf der linken Seite zu knöpfen. Kurze, angeschnittene Beine mit Zwickel, der sogenannte »Pagenschnitt«. Darüber ein in Hüfthöhe ansetzender Rock aus zwei übereinanderliegenden Falbeln. Alle Kanten sind weiß paspeliert.

70 **Großer Sommer-Strohhut, um 1920/22**
Naturfarbenes Strohgeflecht, ecrufarbener Samt, strohfarbenes Tüll-Gewirke, Stoff- und Papierblumen
Durchmesser: 38 cm, Kopfhöhe: 13 cm
Vermutlich Berlin
Inv. Nr.: KGT 87/101
Breitkrempiger Hut mit hohem Kopf; die Krempe ist aus Strohgeflecht, der Kopf aus Samt gefertigt. Die Krempe überzieht ein strohfarbener dünner Tüll, aus dem gleichen Material ist die große Schleife seitlich am Kopf; dazu kommt ein Blütengesteck aus weißem Flieder (Stoffblüten) und ecrufarbenen Rosen (Papierblüten).

71 **Schwarze Straußenfederkappe, um 1926/28**
Schwarzer Tüll, schwarzes feines Bastband, schwarze Straußenfedern, Schmuckband aus Straßsteinen und schwarzen Glassteinen
Kopfweite: 53 cm
Vermutlich Berlin
Inv. Nr.: KGT 89/228
Enganliegende Kappe, die auch die Ohren bedeckt. Auf den Tüllgrund sind Baststreifen in engen runden Formen aufgenäht. Vom Scheitel aus sind die Federn nach vorn und den Seiten angeordnet. Über den Ohren sind sie nach vorn gebogen; über der Stirn werden sie durch ein Straß-Schmuckband gehalten.

72 **Roter Samthut mit Federgesteck, um 1924/25**
Tomatenroter Samt, schwarze und weiße Federn, gold-bunte Metall-Schmuckplatte
Kopfumfang: ca. 65 cm
Vermutlich Berlin
Inv. Nr.: KGT 89/293
Runder, leicht schräg drapierter Topfhut aus rotem Samt, der rechts vorn ein üppiges Gesteck aus schwarzen glatten Federn und weißen Straußenfedern trägt; es wird (optisch) von einer gold-blau-roten runden Schmuckscheibe gehalten.

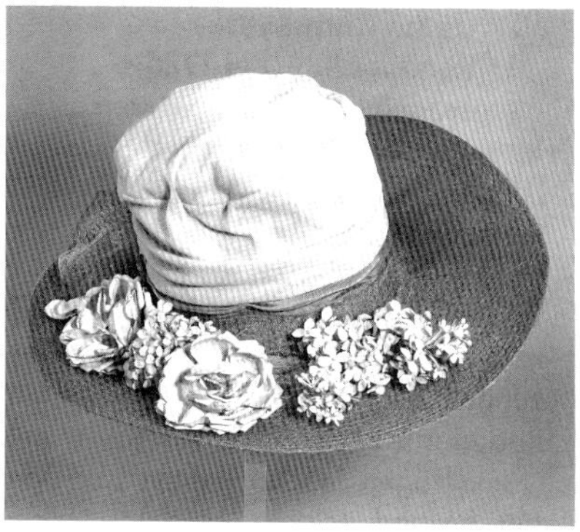

Kat. Nr. 70

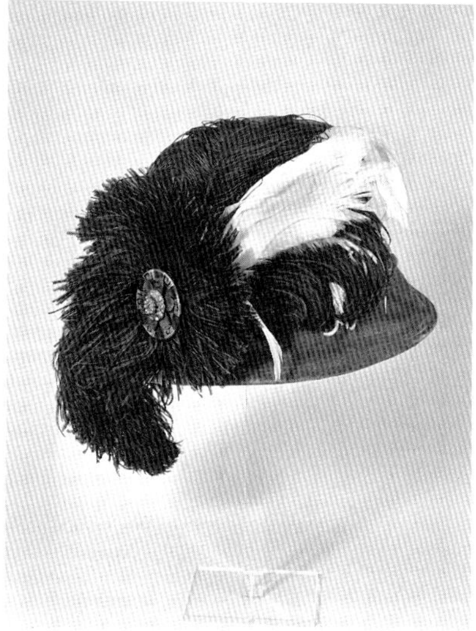

Kat. Nr. 72

73 **Schwarzer Topfhut, um 1924**
Schwarzes Strohgeflecht, Crêpe de Chine und Reiherfedern
Kopfumfang: 60 cm
Vermutlich Berlin
Geschenk Frau Lisbeth Strauch
Inv. Nr.: KGT 88/377
Die sog. Topfhutmode – d.h. hoher Kopf und schmale Krempe – begann um 1924; die Hüte waren anfangs voluminöser und wurden in den folgenden Jahren immer anliegender, passend zur »Bubikopf«-Frisur.
Dieser noch große Topfhut hat eine gebogene Krempe, das schwarze Strohgeflecht ist mit schwarzem Crêpe überzogen. Auf den Hutkopf sind seitlich schwarze Reiherfedern dünn verteilt und aufgenäht.

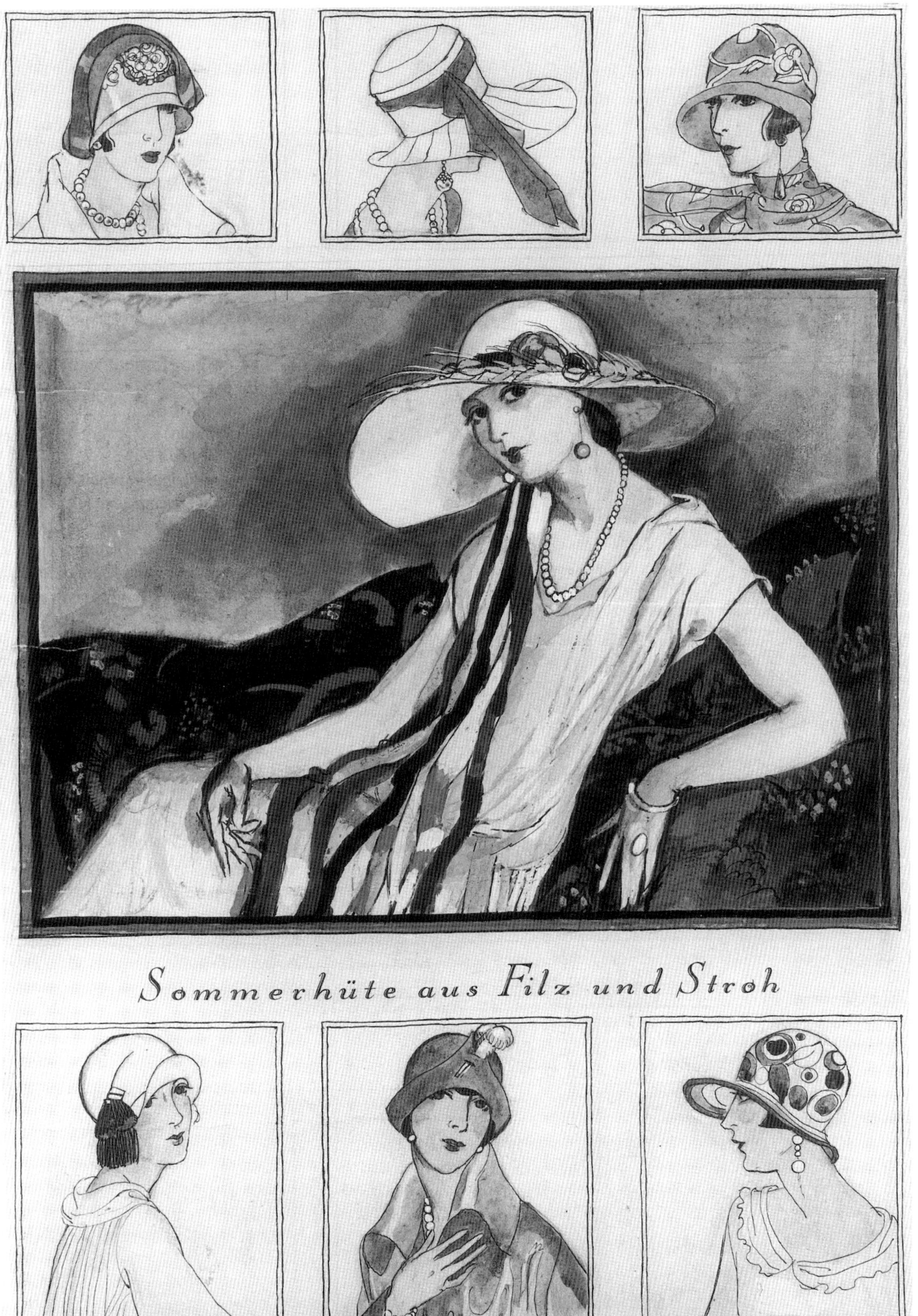


Lieselotte Friedlaender, Sommerhüte aus Filz und Stroh, um 1923, Tuschfeder, laviert, Berlin Museum

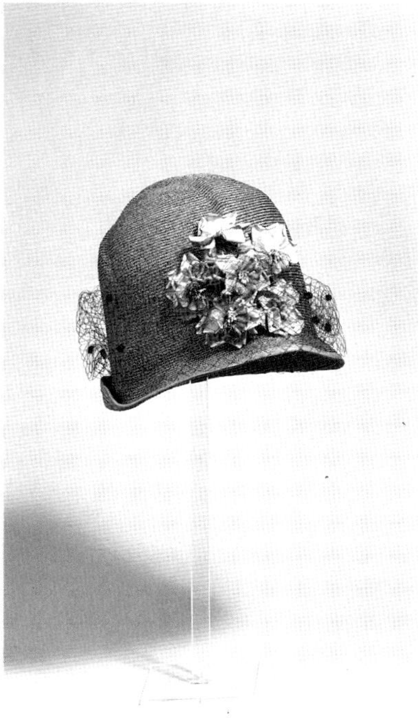

Kat. Nr. 74

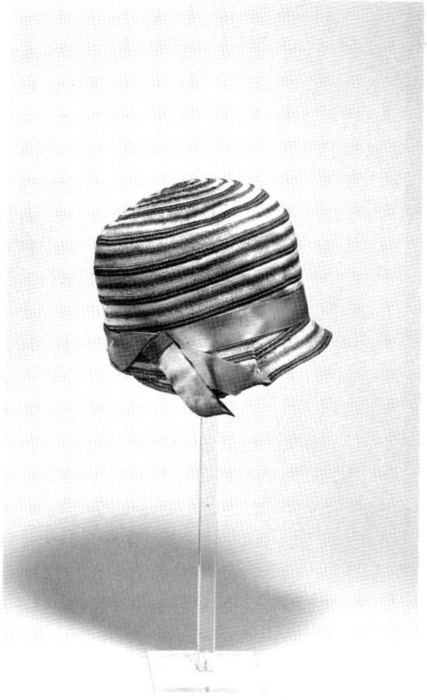

Kat. Nr. 76

74 **Rotbrauner Topfhut, um 1925**
Rotbraunes Bastgeflecht, rotbraunes Ripsband, dunkelbrauner Grobtüll, Stoffrosen
Kopfumfang: 56 cm
Vermutlich Berlin
Inv. Nr.: KGT 89/224
Anliegender Topfhut aus Bastgeflecht, aus einem Stück mit hinten aufgebogener Krempe gearbeitet; mit Ripsband eingefaßt. Vorn ist ein Gesteck aus sechs Stoffrosen aufgesetzt, um den Hutkopf legt sich ein kleiner dunkelbrauner Tüllschleier.

75 **Bast-Topfhut, um 1925**
Beigefarbenes Bastgewebe mit roter, weißer und hellbrauner Baststickerei
Kopfumfang: 55 cm
Berlin
Geschenk: Frau Dr. Marianne Rumpf
Inv. Nr.: KGT 86/67
Enganliegender kleiner weicher Topfhut mit schmalem Krempenstreifen, der an der rechten Seite zu einer kleinen Ecke aufgeschlagen ist. Er ist mit einfacher Baststickerei verziert.

76 **Kleiner Bast-Topfhut, um 1926/27**
Gelbe und braune Baststreifen, zusammengenäht
Kopfumfang: 57 cm
Vermutlich Berlin
Inv. Nr.: KGT 89/125
Anliegender Hut mit kleiner, aufgesetzter Krempe, um deren Ansatz ein doppeltes Band aus braunem Rips und Satin liegt; es wird seitlich zur Schluppe gebunden.

77 **Schwarzbraune Strohkappe, um 1922/24**
Schwarzbraunes feines Strohgeflecht, Schmuckbesatz aus Goldfadengeflecht, Messingfolienstreifen, schwarze Perlen
Breite max. 29 cm
Vermutlich Berlin
Inv. Nr.: KGT 89/292
Der breite, etwas flachgedrückte Strohhut mit kleiner Krempe hat vorn und hinten angesetzte, nach oben geklappte Aufschläge, die mit Ripsband eingefaßt sind. Auf der breiten Vorderseite ist ein flügelförmiges goldfarbenes Schmuckmotiv aufgesetzt; der Hut erinnert dadurch etwas an eine militärische Kopfbedeckung.

78 **Dunkelgrüner Topfhut, um 1925/27**
Dunkelgrünes Strohgeflecht, dunkelgrünes Ripsband, rosa und gelbe Stoffblüten
Kopfumfang: 63 cm
Fa. Laura Arndt, Tempelhof, Etikett im Hut
Inv. Nr.: KGT 89/225
Topfhut aus dunkelgrünem Strohgeflecht, mit kleiner Krempe, um deren Ansatz sich ein Ripsband zieht. Rechts seitlich ist eine Schluppe mit einem gelb/rosa Stoffblütenzweig aufgenäht.

79 **Seegrüner Topfhut, um 1925**
Seegrüner Filz
Kopfumfang: 58 cm
Vermutlich Berlin
Inv. Nr.: KGT 86/68
Anliegender kleiner Topfhut aus einem Stumpen, die Krempe ist leicht erweitert. Als Schmuck dienen eine Zierschnürung rechts aus Filzband, ein Filz-Schleifenband um den Krempenansatz und dunkelgrüne Ziersteppereí.

80 **Schwarze Strohkappe mit braunen Federn, um 1923/24**
Schwarzes feines Strohgeflecht, braune Federn (Hahn?), schwarz-gelbes Schmuckband mit Messingrosette
Durchmesser: 21 cm, Höhe: 14 cm
Vermutlich Berlin
Inv. Nr.: KGT 89/294
Einfache runde Kappe mit breitem Rand, um den ein schwarz-gelb gemustertes Schmuckband mit einer Messingrosette über der Stirn läuft. Vorn sind hinter dem Rand senkrecht stehende braune Federn eingesteckt, deren obere Enden sich nach hinten drehen.

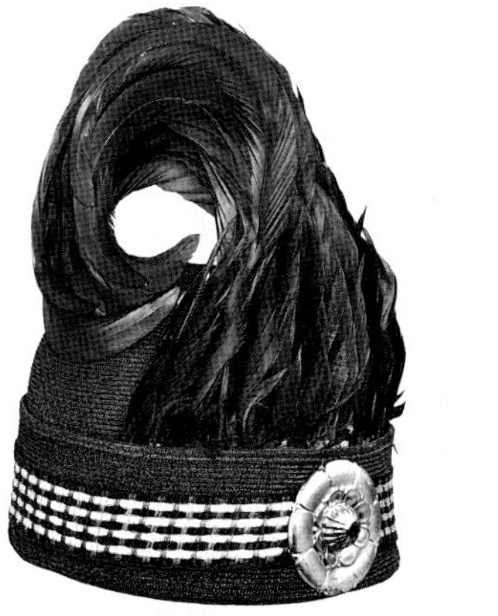

Kat. Nr. 80

81 **Goldfarbene Abendtasche, um 1926/27**
Metallnetz aus rhombenförmigen Messinplättchen, die mit Ringen verbunden und mit Markasiten besetzt sind; türkisfarbene opake Glassteine, silberfarbene Metallkette
16 : 11,5 cm
Vermutlich Berlin
Inv. Nr.: KGT 91/43
Querrechteckige Abendtasche aus mit glitzernden Markasiten besetztem Messinggeflecht; die farbige Wirkung wird durch aufgesetzte türkisfarbene Glassteine erzielt. Die Tasche hat einen Knipsverschluß und eine silberfarbene Metall-Tragekette.

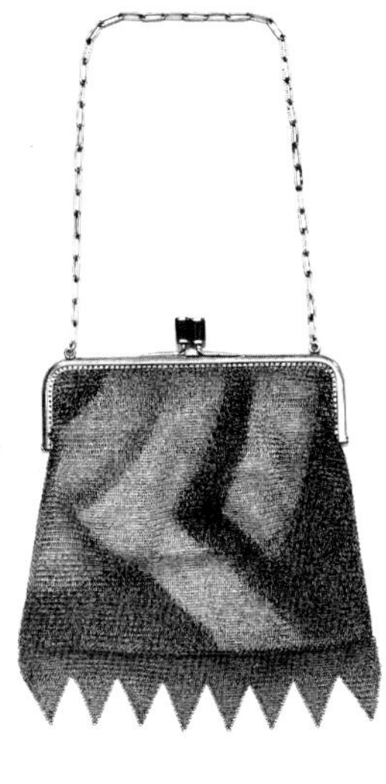
Kat. Nr. 82

82 **Kleine Abendtasche, um 1923/25**
Feines silberfarbenes Metall-Ringgeflecht, Messingbügel und -Tragekette
14 : 13 cm
Vermutlich Berlin
Inv. Nr.: KGT 91/42
Kleine rechteckige Abendtasche aus feinem Drahtgeflecht, mit einem Messingbügel und einer zierlichen Tragekette aus dem gleichen Material. Die Taschenflächen sind durch ein geometrisches, grün und schwarzes Muster in Spritzdrucktechnik verziert.

83 **Schwarze kleine Handtasche, um 1930**
Schwarzgefärbtes Eidechsenleder und Schweinsleder
16 : 17 cm
Vermutlich Berlin
Inv. Nr.: KGT 89/260
Rechteckige Tasche mit Lederhenkel und einem Bügel aus silberfarbenem Metall (wohl verchromt). Rückseite und Henkel sind aus schwarzem Schweinsleder gefertigt; die Vorderseite ist patchworkartig aus Eidechsenleder zusammengesetzt. In der Mitte ist durchlaufend das schuppige Rückenteil eingesetzt, am oberen Ende der Kopf mit Glasaugen.

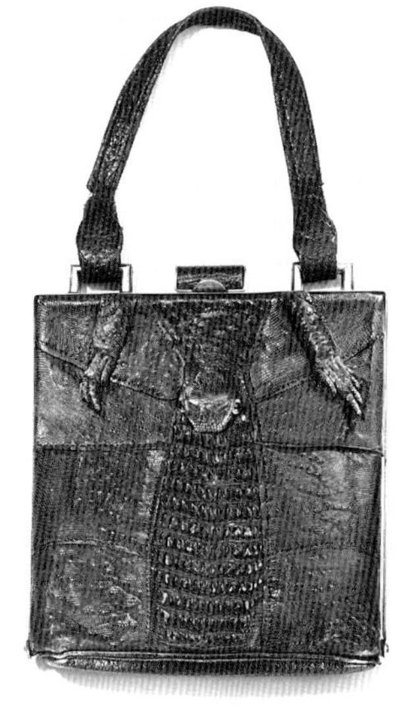
Kat. Nr. 83

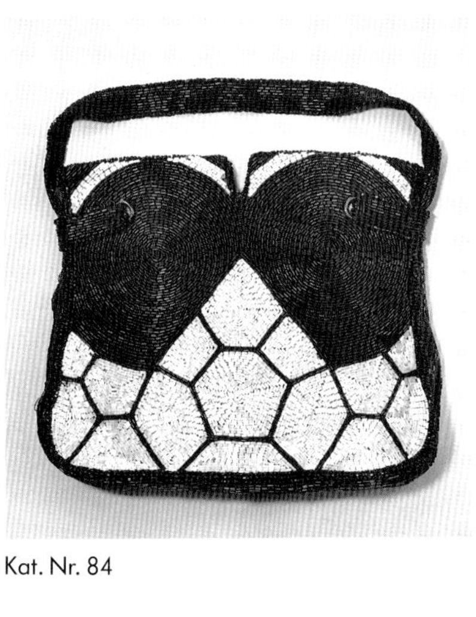
Kat. Nr. 84

84 **Perlbestickte Henkeltasche, um 1927**
17 : 14 cm
Fa. Winzer (laut Anzeige in der Zeitschrift »Modenspiegel« von Januar 1927)
Inv. Nr.: KGT 89/249
Perlbestickte querrechteckige Henkeltasche. Die Seitenteile und der Henkel aus schwarzem Stoff sind mit schwarzen Stabperlen deckend bestickt; Vorder- und Rückseite zeigen ein weißschwarzes Kreis- und Fünfeck-Muster aus weißen und schwarzen Stabperlen. Die Tasche wird mit einem schwarzen Reißverschluß geschlossen und ist mit schwarzem Moiré gefüttert.

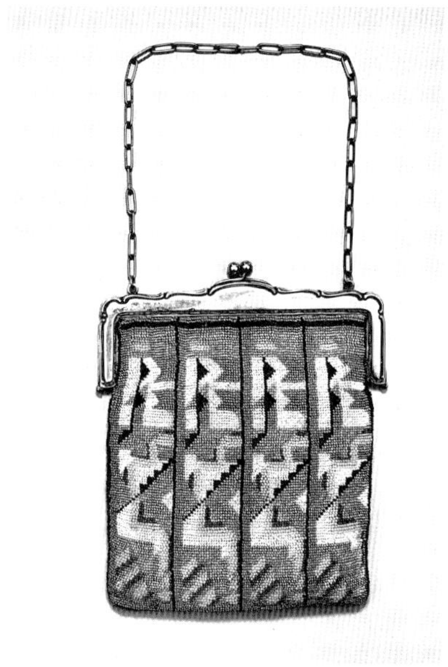
Kat. Nr. 85

85 **Perlbestickte Bügeltasche, um 1925**
17,5 : 17 cm
Vermutlich Berlin
Inv. Nr.: KGT 89/248
Diese kleine rechteckige Bügeltasche mit Knipsverschluß ist vollständig dicht mit Perlen bestickt; das Muster zeigt wechselnde geometrische Ornamente in Blau, Weiß, Grau, Schwarz, Gelb, Ocker, Rot und Rost. Die Tasche ist mit hellgrauem Kunstseidenkrepp gefüttert. Am silberfarbenen Metallbügel ist eine Tragekette aus dem gleichen Material befestigt.

86 **Handtasche aus Eidechsenleder, um 1930**
Eidechsenleder, naturfarben; graues Schweinsleder
16 : 23 cm
Geschenk Frau Rumpel
Inv. Nr.: KGT 89/76
Querrechteckige Tasche mit silberfarbenem Metallbügel und Henkel aus grauem Glattleder. Die Vorderseite besteht aus glatt verarbeitetem Eidechsenleder mit einem plastischen Zierornament; die Rückseite ist aus kleinen Stücken Eidechsenleder zusammengesetzt.

87 **Weiße Leinenschuhe, 1925–39**
Weißes Leinen, Ledersohle und -absatz
Größe 40, Länge: 26 cm
Berlin
Inv. Nr.: KGT 87/73
Schmaler Schnürschuh aus weißem Leinen mit halbhohem braunen Lederabsatz.

88 **Brauner Spangenpumps, um 1925**
Braunes Glattleder
ca. Größe 36, Länge: 24 cm
Firmenzeichen: »Lorraina«, Marque deposé
Inv. Nr.: KGT 89/289
Dunkelbrauner Pumps mit Knopfspange und leicht geschwungenem, sechs Zentimeter hohem Absatz. Um den Ausschnitt seitlich und vorn hellbraune Ziersteppere i.

89 **Beigefarbener Stadtpumps, um 1925/30**
Beigefarbenes Glattleder, mit Besätzen von dunkelbraunem Glattleder
Größe 41 (6½), Länge: 26 cm
Inv. Nr.: KGT 897291
Stadtpumps mit glattem Ausschnitt und mäßiger Spitze, der Absatz ist nur gering geschwungen. An den Fersen und seitlich sind schmale braune Lederstreifen in geometrischen Mustern aufgesetzt.

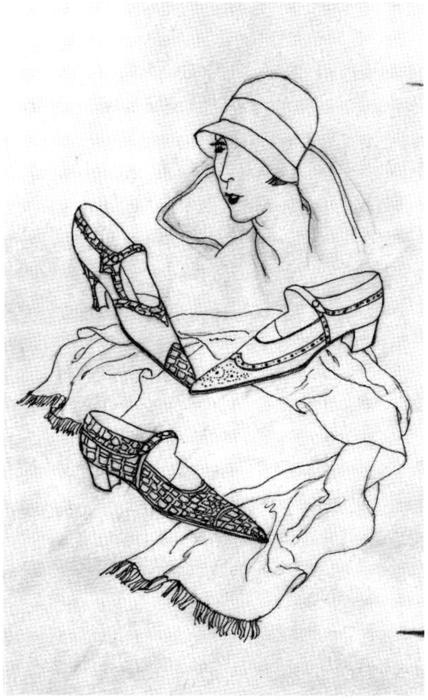

Lieselotte Friedlaender, Accessoires, um 1925, Tuschfeder, Berlin Museum

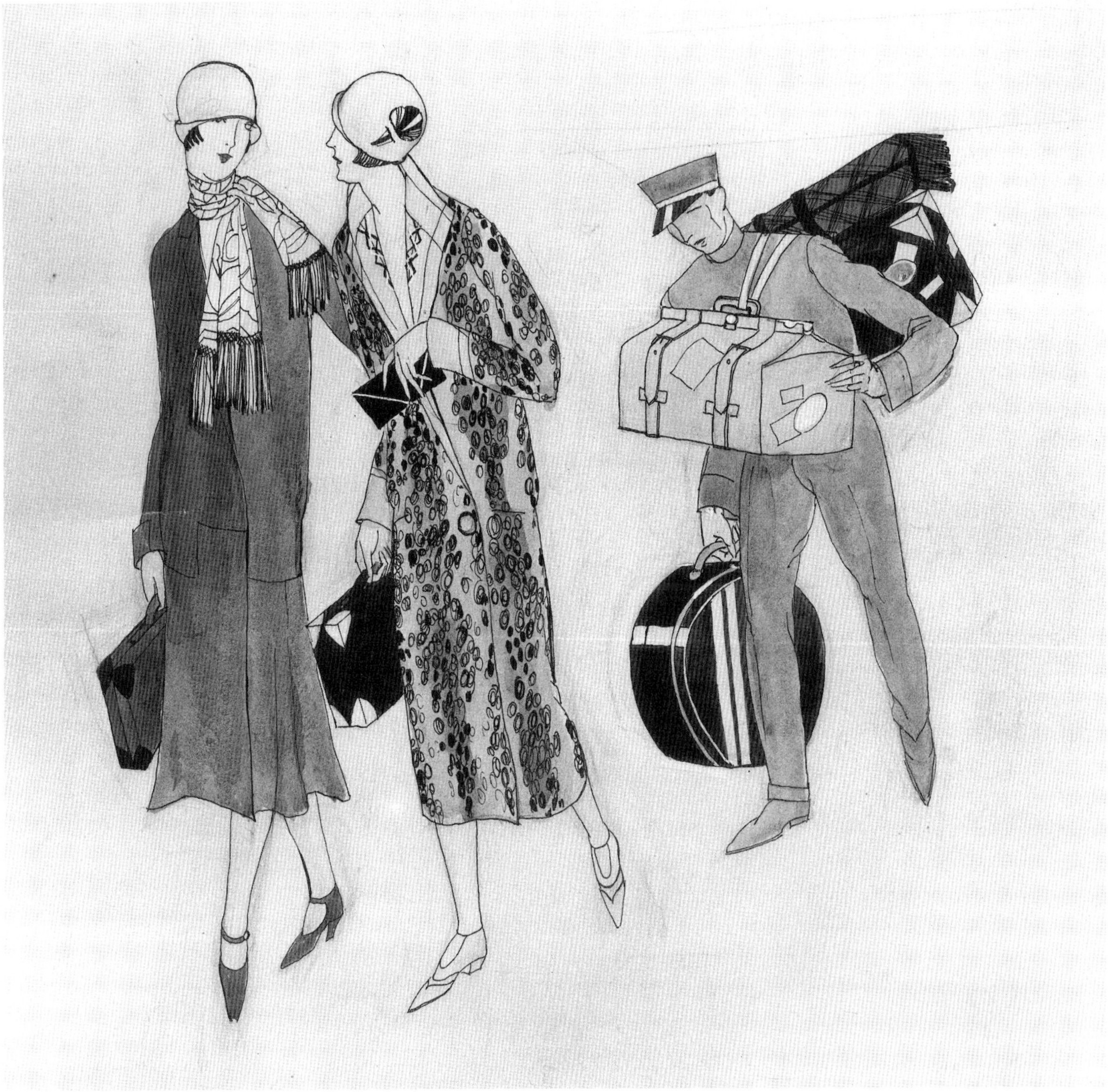

Zwei Damen auf Reisen, um 1925, Tuschfeder, laviert, Berlin Museum